会社では教えてもらえない

アウトプットがすごい人の
時短のキホン

各務晶久 Kagami Akihisa

すばる舎

はじめに

最近、ある若手社員向けの研修で「仕事の悩み」を発表してもらいました。

さまざまな意見が出ましたが、特に多かったのが、「会社から残業を減らせと言われるけど、どうすればいいのかわからない」「いくら急いでやっても定時で終わらせるのは無理」といった、労働時間の短縮に関する悩みでした。

つまり、皆さん、「時短」をどう進めればいいのか、頭を悩ませているのです。

会社や上司からは、「効率よくやれ」と言われるけれど、具体的な指示があるわけではなく、次から次に振られる仕事に途方に暮れながら、日々残業しているのです。

この本を手にしてくれたあなたも、もしかすると、毎日の残業では到底足りず、家に持ち帰ってまで仕事をしているかもしれません。

でも、終わらない仕事に日々悩んでいるのはあなただけではないのです。

そういう私自身も、若手の頃は、早く帰りたくて、目の前の仕事をガムシャラにこなしていました。でも、やみくもに手を速く動かすだけでは、神経と体力をすり減らすだけで、一向に「時短」は進みませんでした。

しかし、どんな職場にも、短い時間で仕事を終わらせ、大きな成果を出す「アウトプットがすごい人」が必ずいるものです。彼らは、他の人と比べて、特別手を速く動かすわけではなく、急いで仕事をするわけでもありません。

ただ時間を有効に使っているのです。

私は、彼らの仕事の進め方を見習い、実践することで、仕事のスピードと質の両方が劇的に向上しました。私と彼らの違いは、**手を動かす速さではなく、時間を有効に使っているかどうか、つまり、「時短のコツ」を知っているかどうか**だったのです。

それらのコツについては、これから本書で詳しく述べますが、ひと言で言えば、「やらなくていいこと」を削り、「今やるべきこと」に専念することです。

本書では、それら時短のコツを39のポイントにまとめ、余すところなく伝えています。その内容は、日々のタイムマネジメント、ちょっとした時間の使い方、仕事の改善・工夫、上司のコントロールなど多岐にわたります。

即効性のあるものから、徐々に効果を上げるものまで、さまざまなノウハウが詰まっています。

大事なことは読んで終わりにするのではなく、日々の仕事の中で、少しずつ実践することです。すると、**一か月後、三か月後、あるいは半年後に、目に見える変化が現れる**はずです。

早く帰れるようになるばかりか、アウトプットの量・質ともに向上し、職場の中で一目置かれる人、評価される人になるのです。

ぜひ、あなたの未来が、時短によって、より豊かな素晴らしいものになるよう願っています。

各務　晶久

目次

アウトプットがすごい人の
時短のキホン

第1章

「頑張っているのに終わらない…」から今すぐ抜け出す！

第2章 まずおさえたい時短のキホン

第3章 時間にも仕事にも追われない人のスケジュールの立て方

第4章

「上司の動かし方」で時短は9割決まる

第5章

アウトプットの質を高める! 集中力の引き出し方

第6章

一生、仕事に振り回されない働き方をしよう！

カバーデザイン　小口翔平＋大城ひかり（tobufune）
本文デザイン・図版　松好那名（matt's work）
イラスト　村山宇希

第1章

「頑張っているのに終わらない…」から今すぐ抜け出す!

Managing your time efficiently

Managing your time efficiently

1

時短とは、しなくていいことをしないこと

!

「スピードを上げる」のではなく、
「必要のないものを捨てる」

ただ手を速く動かすだけでは、うまくいかない

私は、これまでさまざまな業種でコンサルティングを行ってきました。コンサルティングを行う場合、通常、その企業の社員に、仕事の進め方や現在の課題などをヒアリングします。

これまでマンツーマンでヒアリングしてきた人数は、実に1000人を超えます。

その中で、**非常に多くの人たちが、「毎日仕事に追われ、遅くまで帰れない」と嘆いているのを目にしてきました。**

そのたびに私は、「今後、どうやってそれを解決するつもりですか?」という質問を投げかけてきたのです。

大半の人たちは、「もう少し慣れればスピードが上がるはず」「もう少し急いでやればなんとかなるはず」と、前向きな回答をしてくれます。

彼、彼女らは、より手を速く動かすことで、仕事の時間を短縮（時短）できると考えているのです。

しかし、残念ながら、多少手を速く動かしたくらいでは、根本的な問題解決になりません。仕事の効率は上がらず、いつまでたっても早く帰れるようにはならないのです。

何がムダかを決めること

「時短」を進めるためには、もっと本質的な取り組みが必要です。

それは、**「必要のないものを捨てること」「しなくてもいいことはしないこと」に集約できると言ってもいいでしょう。**


今の仕事量を、何も方法を変えずにただ急いでこなしたとしても、たいして効果はなく、それればかりか、体力を消耗するので毎日は続けられません。

そんなやり方で多少早く帰っても、それを「時短」とは呼ばないのです。

実に、多くの人たちが「時短」を誤解しているのです。


目の前の仕事を全力で速くこなすのが「時短」ではなく、仕事の効率を上げることで、あなたに余裕をもたらし、仕事を創造的にするのが本当の「時短」なのです。

仕事における「時短」とは?

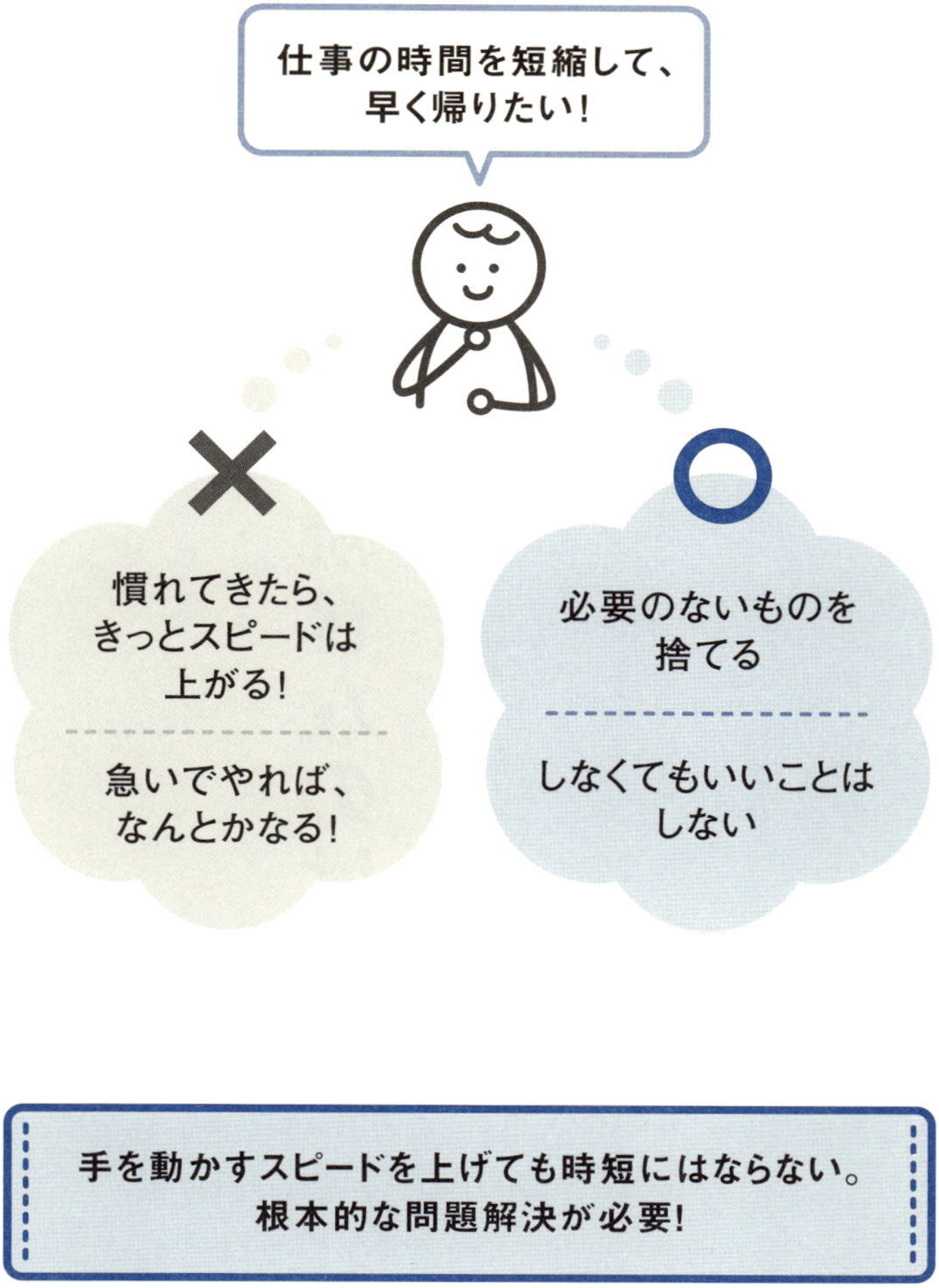

**手を動かすスピードを上げても時短にはならない。
根本的な問題解決が必要!**

Managing your time efficiently

2

毎日残業続きなのは「完璧主義」が原因!?

!

すべての仕事に全力投球では
体も心も疲弊する

完璧を目指すほど遠回り…

丁寧に仕上げて資料を提出したら、上司から思ってもいなかった点を指摘され、一からやり直しになったことはありませんか?

上司からさまざまな指摘を受けたり、破棄、差し戻しを食らったり……。そういう経験をすればするほど、「次こそは完璧なものを仕上げよう」と躍起になります。

そうすると、また期限まで目いっぱい時間を使ってしまうので、上司からの修正が入ろうものなら、遅くまで残業せざるを得ません。

次も、その次も、これを延々と繰り返してしまうのです。

上司からいろいろ指摘されても、方向性さえ間違っていなければ、たいした手直しにはなりません。**深刻なのは、上司の意図を完全に取り違え、一からやり直しを命じられること**です。

これだけは何としても防ぎたいものですね。そのためにはどうすればいいのでしょうか?

答えは簡単で、「完璧を目指さない」ことです。

上司はあなたにギリギリまで時間をかけて「完璧な資料」を提出してほしいわけではなく、修正が間に合うタイミングで「たたき台」を提出してほしいのです。

いざ上司に提出してみたら、「えっ、こんな意図だったのか！」と驚いた経験は誰にでもあるはずです。いくら考えても、他人である上司の頭の中はわかりません。

上司のほうも指示した時点では明確な完成イメージがなく、「たたき台を見てから考えよう」と曖昧な指示を出していることもあるのです。

だから、少し粗いくらいのたたき台で十分なので、早い時期に一度上司にぶつけて、基本的な方向性を確認しましょう。

目いっぱい時間を使ったのに「そもそも違う」と言われるとダメージが大きいですよね。ボタンの掛け違いは、早い段階で確認しておいたほうが賢明です。

まずは70点を目指そう

かといって、あなた自身の能力を疑われかねないので、粗すぎる案も考えものです。ちょうどいい頃合いとして、70点を目指しましょう。

「70点くらい取れているかな」と思ったら、**上司に「仕上げる前の段階ですが、とりあえず方向性を確認させてください」と、たたき台をぶつければいい**のです。

初めから完璧なものを提出したい、という気持ちは理解できます。でも、上司はあなたの仕事の進め方を見ているのです。早めに方向性を確認してくれる部下のほうが、安心して仕事を任せられるのです。

完璧を目指して期限いっぱいまで一人で抱え込み、修正が間に合わずバタバタする人より、粗い案でも早めにぶつける人のほうが、最終的な完成物のでき栄えは安定しています。

Managing your time efficiently

3

仕事のボールは「すぐ投げる」が鉄則

!

仕事を抱え込まない人が
やっていること

デキる人ほど、仕事の「手離れ」が早い

「仕事が手いっぱいなのに、上司から急ぎの仕事を振られた」「急いで取り掛かっていると、『この前の件はまだか？』と催促される。もう何が何だかわからない……」

皆さんにも、こういう経験はあるのではないでしょうか？

何を隠そう私自身、かつては一人でいくつもの仕事を抱え込み、上司や関係先からの催促に半ベソをかきながら、よく徹夜で仕事を仕上げていました。

困り果てた私は、「デキる先輩」たちを観察してみることにしたのです。

すると、彼らの仕事ぶりにいくつかの共通点があることに気づきました。

そのひとつが、仕事の「手離れが早い」ということです。

仕事はよくキャッチボールに例えられます。**仕事の「手離れ」とは、自分がボールを投げた状態、つまり、相手にボールを持たせている状態**を言います。

「デキる先輩」は、「では、ボールは今そちらにあるという認識でよろしいですね？」と極力自分でボールを持たないように心掛けているのです。

たとえば、企画書の作成を指示された新米AさんとベテランBさん。

Aさんは、まず自分なりに課題を整理して、時間をかけて企画書を作成しました。しかし、後から関係部門に相談すると、想定外の問題をいくつも指摘され修正に忙殺《ぼうさつ》されました。

一方、ベテランのBさんは、まず先に関係部門に問題点を検討してもらうことにしました。その後、関係部門からの回答を待って、企画書の作成に取り掛かったのです。

Aさんは時間を使ったわりに検討が不十分でしたが、Bさんは時間をあまりかけずに素晴らしい企画書を仕上げたのです。

彼らの違いは、まさに仕事の「手離れ」にありました。

早い段階で「検討作業」というボールを相手に投げたBさんは、ムダな時間を過ごすことなく、悠然と仕事をすることができたのです。

このように仕事を「手離れ」させると余裕が生まれます。仕事のキャッチボールでは、自分で極力ボールを持たず、すぐに相手に渡すことを意識してみましょう。

同じ仕事のはずなのに…どうして差が出る?

Aさん 仕事(ボール)をずっと持つ

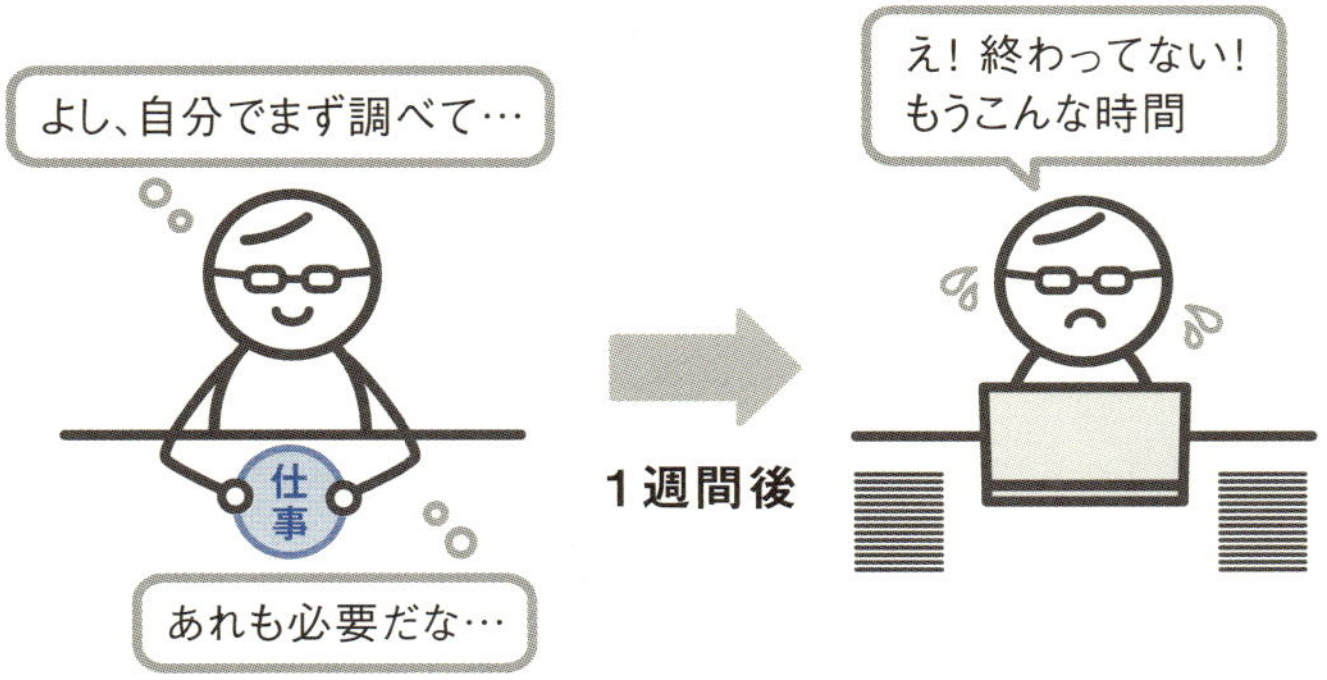

Bさん 仕事(ボール)をすぐ誰かに渡す

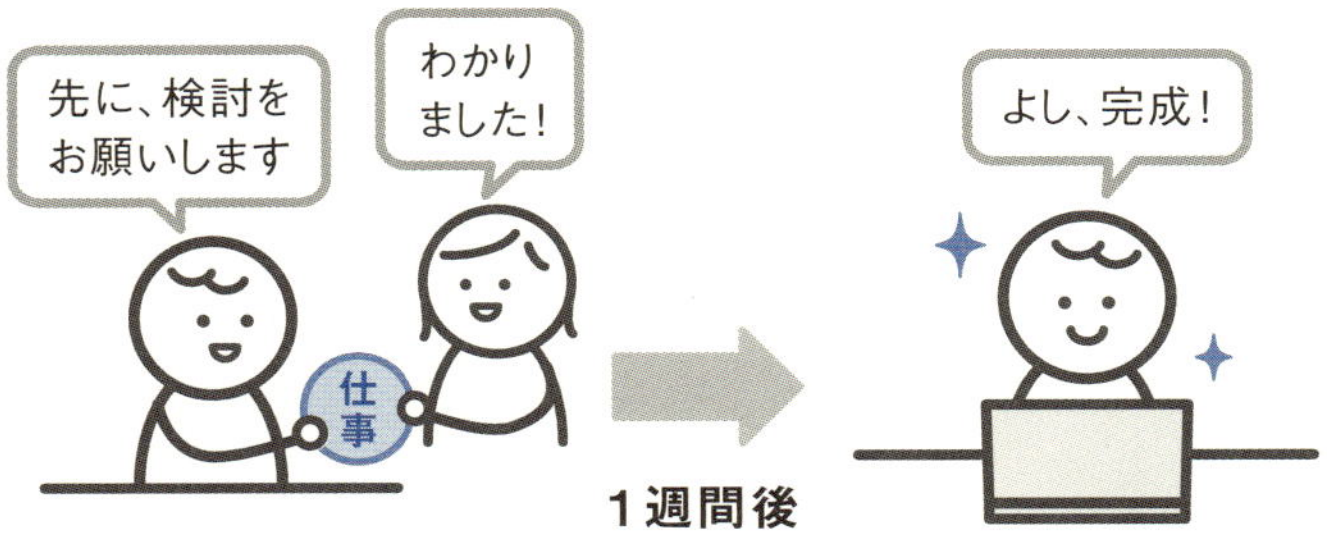

仕事のボールは
早めに次に投げるのがキホン

Managing your time efficiently

4

上司対策も万全に。「お急ぎですか?」のひと言が効く

!

ここを押さえておかないと
時短は進まない

「これやっておいて」にうまく対応するコツ

「締切前の仕事がいくつかあって、まったく余裕がない。それなのに、いつものように軽い口調で『これやっておいて』と急ぎの仕事を振られた。この上司は鬼なのか?」

こんなふうに、上司を恨みながら仕事をしている人は多いものです。

皆さんの仕事は、複数の仕事を並行処理するマルチタスク型だと思います。その場合、仕事の優先順位を台無しにするのが、上司からの飛び込み仕事です。物理的に今の自分にこなせるわけがないのに仕事を振られたり、さっきまでこっちが最優先と言っていたのに、急に「あっちを急げ」と言われたり、**上司の気まぐれに振り回され、悩んでいる人は多い**ことでしょう。

ではいったい、なぜこのようなことが起こるのでしょうか?

ちょっとショッキングな事実かもしれませんが、それは上司があなたにどのような仕事を与えたのか、事細かに覚えていないからなのです。
大まかにあなたの仕事量くらいは把握しています。でも、今どれだけの仕事を抱えているのか、何が最優先なのかまで上司は覚えていません。

つまり、**上司は自分の仕事のＴＯＤＯリストを作っていても、あなたのＴＯＤＯリストまで管理しているわけではない**のです。
「うちでは自分のＴＯＤＯリストを上司と共有している」という反論が聞こえてきそうですが、それをいちいち見てから、部下に仕事を与える上司はレアです。

「そんな理不尽な！」と思うかもしれませんが、そういうあなたも、上司の日々の仕事を知らないのではないでしょうか。ましてや、複数の部下を抱える上司が、部下一人ひとりの日々のタスクや優先順位まで把握しきれるわけがないのです。
それを前提に、上司と向き合って仕事をする他ありません。

しかし、あなたが仕事を受けるとき、ちょっとした工夫をすることで、上司の無理難題をコントロールできるようになるのです。

「はい、わかりました」で済ませない

上司から「これやっておいて」と急に仕事を振られても、嫌な顔ひとつせず受けることで、キャパの大きさを誇示したくなるときがあります。

あるいは、理解力の高さやレスポンスの良さを示そうと、あまり深く考えずに「はい、はい」とふたつ返事で引き受けてしまう場合もあります。

いずれも、上司に「反応」し、「反射」的に仕事を受けていると言えます。

そのような仕事の受け方では、上司は決してあなたを高く評価してくれません。

それよりも、**上司から軽い調子で「これやっておいて」と急な仕事を振られたときに、「お急ぎでしょうか?」とたったひと言聞くだけで、状況は一変します。**

「お急ぎでしょうか?」と聞かれた上司は、咄嗟《とっさ》に「何か無茶振りでもしたかな?」と身構え、緊張感を持つのです。

上司からは自然と「他に急ぎの仕事はあるの?」と質問されるので、「急ぎの仕事

はこれとこれを抱えていますが、そちらのほうがお急ぎですか？」と相談しましょう。

上司からすると、「はい、はい」とふたつ返事で仕事を受ける部下は、「頼みやすい」部下です。でも、ふたを開けてみれば、もっと急ぎの仕事を抱えていたり、キャパを超えてパンクしたりすると信頼できません。

しっかり考えながら仕事を引き受け、優先順位を確認してくる部下は、上司から見れば頼もしいものです。また、そういう人は、上司から無茶振りをされません。

でも、自分から仕事を断わってはいけません。上司の指示には前向きに応じる姿勢は示しつつ、手持ちのタスクの優先順位との兼ね合いを相談するようにしてください。

上司の無茶振りに振り回され、予定がめちゃくちゃになって困っている、そんな人は、ぜひ「お急ぎでしょうか？」という魔法のひと言を使ってみてください。

このように、時短には、上司対策が不可欠なのです。

飛び込み仕事にも上手に対応する

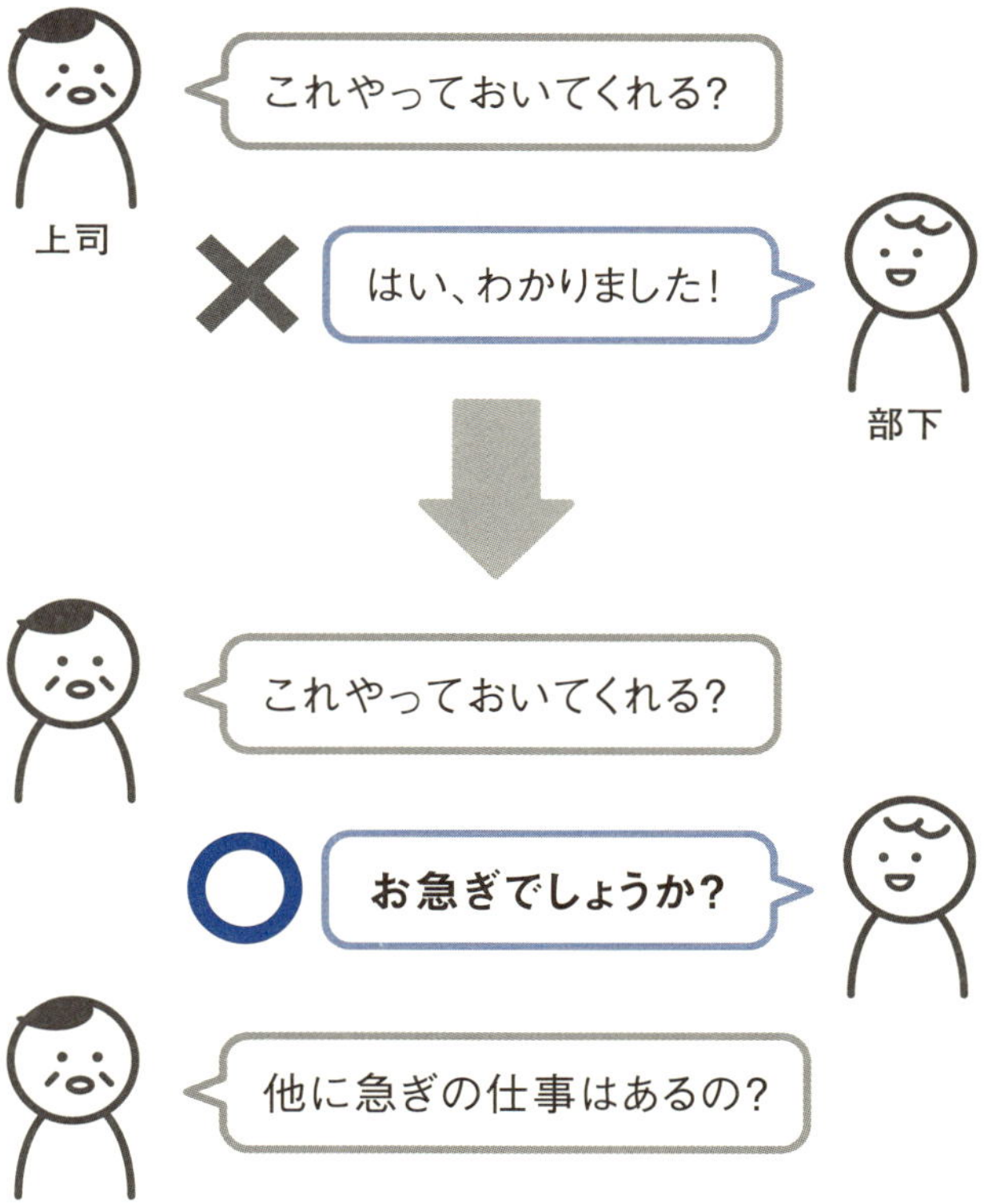

なんでも「はい、はい」と受けない。
今の仕事との兼ね合いを考えよう

Managing your time efficiently

5

明日やってもいい仕事は、今日やらない

!

先に進めたからといって、
楽になるわけではない

仕事の先食いは、かえって逆効果

沢山の仕事を抱えていないのに、遅くまで残っている人がいます。

こういう人に、どんな仕事をやっているのか聞いてみると、たいていは「明日やればいいのに!」という仕事を遅くまで残ってやっているのです。

つまり、今日やる必要のない仕事を先食いしているのです。

なぜ明日やればいい仕事を今日やるのかをたずねると、「今のうちに少しでも片づけておきたくて」という答えが返ってきます。

つい先に進めたくなる気持ちはよくわかるのですが、実は、これはあまり見習うべきことではありません。

上司が、毎日10の業務をこなしてもらいたいと思っているときに、部下が勝手に前倒しで12をこなそうとすれば、残業が増えるのは当然です。

また、上司からすれば、たった10しか与えていないのに、残業しなければこなせないように見えるのです。

今の仕事であっぷあっぷしているように見える人に、上司は、よりレベルの高い仕事を与えません。その結果、雑用ばかりが振られるようになります。**せっかく前倒しで仕事に取り組んで作った隙間時間は、雑用ばかりで埋め尽くされていくのです。**

スケジュールはかき乱され、生産性がどんどん落ちていきます。

また、疲弊するわりにこなしている仕事のレベルは低いので、評価も一向に上がりません。

残業してまで「明日やればいいこと」を今日やる必要はないのです。

「今日無理にでもやっておけば、後々楽になる」というのは幻想です。なぜなら職場全体では常に余裕はなく、あなたが無理に作った余裕には、思いもしなかった雑用が割り振られるからです。

だから、明日やればいいことは今日やらず、今日やらなければならないことだけに集中しましょう。今日は、今日やるべきことがあるのです。

先食いする習慣をキッパリやめる

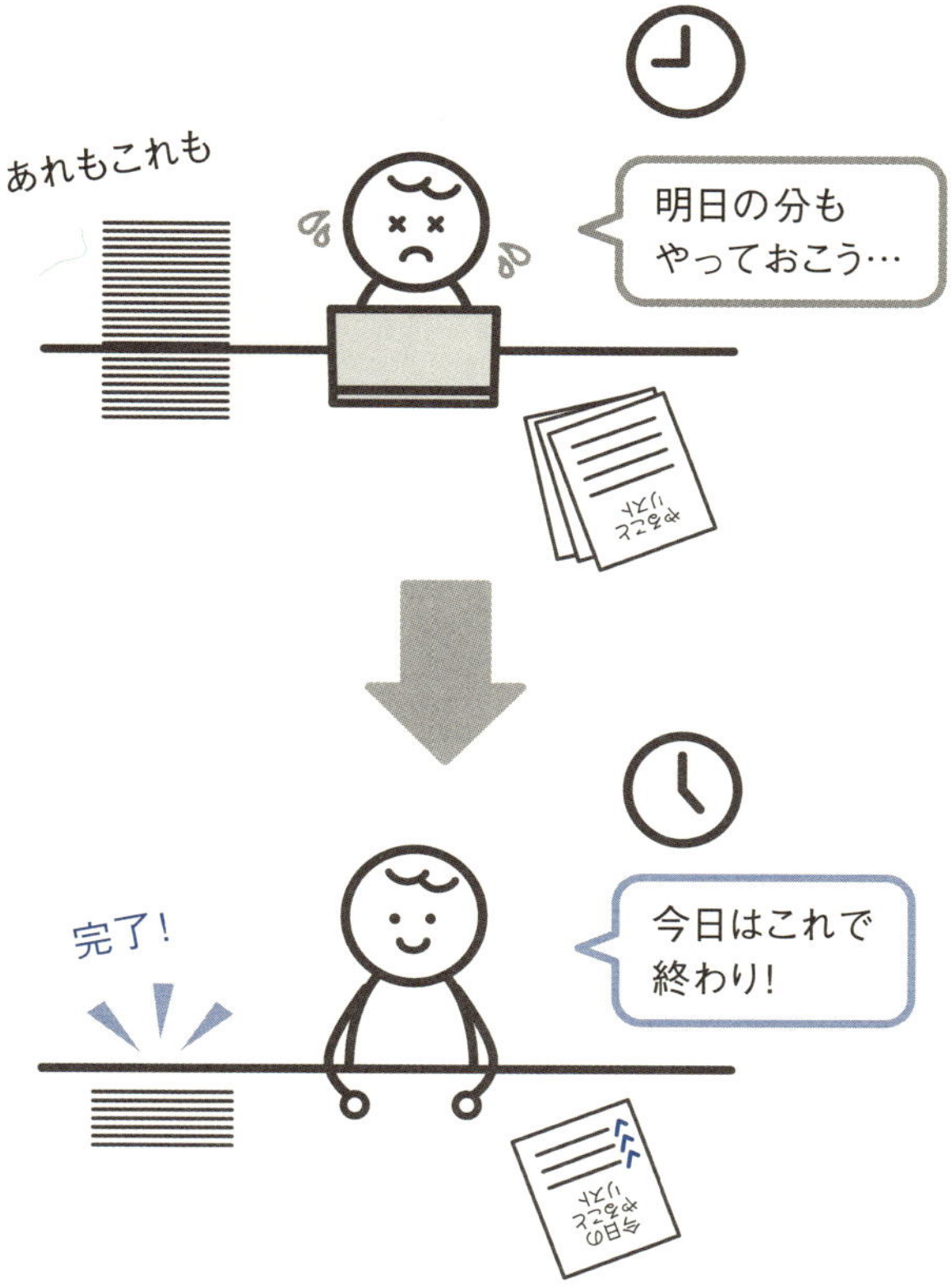

今日は今日のやるべきことを!

Managing your time efficiently

6

「残業して頑張る」という働き方を見直そう

!

今日の疲れの原因は、
昨日の残業のせい?

遅くまで残っても、何も救われない

毎日残業が続くのはなぜでしょうか?

単に「仕事が終わらないから」という人は、本書で学ぶような仕事の効率向上に取り組めば、いずれ早く帰ることができるでしょう。

「会社から遅くまで働くよう強制されているから」なら、もしかしたら、転職しか解決策がないかもしれません。

しかし、「自分だけ早く帰りづらいから」「営業成績が悪いから」「頑張っている姿勢を示したいから」というなら、厳しい言い方ですが、この先早く帰れる日はやってこないでしょう。

なぜなら、残業することで安心を得ようとする心理がはたらいているからです。

一度立ち止まって、上司や会社がどのような点であなたを評価するのかを考えてみましょう。

評価対象は「残業時間」ではなく「アウトプット」

たとえば、営業成績が悪いときほど、連日遅くまで会社に残る人がいます。やることがあればいいのですが、顧客に訪問や連絡ができるわけではなく、日報の整理などの業務がいくつもあるわけでもないのに、つい会社に遅くまで残ろうとしてしまうのです。

営業成績が悪い分、せめて頑張っている姿勢を見せようとする気持ちは理解できます。

でも、会社が求めているのは売上などのアウトプットであって、遅くまで残ってもらうことではないのです。効率的に仕事を片づけて、早く帰ってもらうほうが良いのです。

残業で疲弊し、営業活動が疎かになるなら本末転倒です。連日、疲れが抜けないまま仕事をするのは、自分にとってもつらいことでしょう。

もし、皆さんの残業理由が「帰りにくい」というものなら、自分自身が十分なアウ

立ち止まって考えてみよう

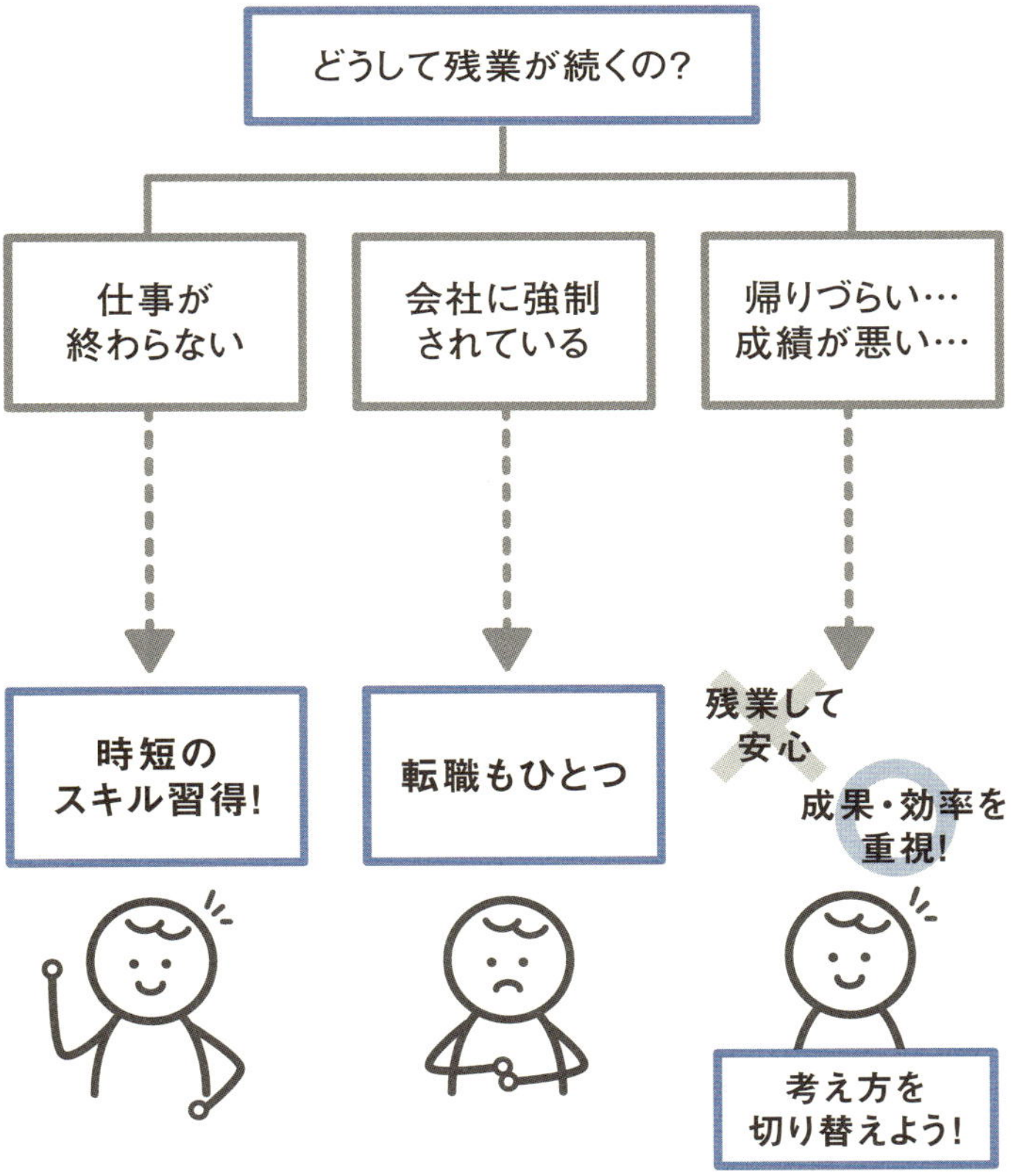

今こそ見直すチャンス!

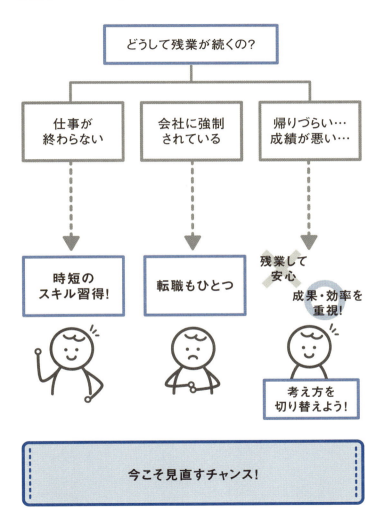

トプットを出しているかどうか自問自答してみてください。

アウトプットに自信があれば、勇気を持って早く帰るようにしましょう。

自信がなければ、「遅くまで残る」のではなく、「成果を出す」ことでカバーする考え方に切り替えてみましょう。

私は、キャリアの大部分で人事に携わってきました。

それから言えることは、**ただ遅くまで残業している人が評価され、出世している例は皆無**だということです。

早く帰っていようが、遅くまでいようが、結局のところ、会社が求める成果を安定的に出す人が評価されているのが現実です。

遅くまで残るのではなく、成果や効率を重視する考え方に切り替えましょう。

第 2 章

まずおさえたい 時短のキホン

Managing your time efficiently

Managing your time efficiently

7

何より「型」を覚えるのが先

!

自己流で進めると、
思わぬ落とし穴にはまる…

どんな仕事にも「やり方」がある

たとえば、先輩から仕事を引き継ぐとき、「なんでこんなムダなやり方をしているのだろう？　こうすればもっと楽なのに……」と思ったことはありませんか？

私は新人の頃、先輩のやり方にいちいち疑問を持ち、勝手にやり方を変えて何度も思わぬ落とし穴にはまっていました。今思えば、まったく可愛げのない新人だったと思います。

呆れた上司から「仕事は『守破離』だ！」と繰り返し説教されたものです。

「守破離」とは、もともと茶道や武道などの師弟関係のあり方を述べたものだそうです。それが仕事を覚える際の心構えを説くのに用いられるようになりました。

仕事を覚えるには、まず、**前任者のやり方をそのまま「守」って身に付けるところからスタート**します。培われてきた「型」をきちんと身に付けるステップですね。

「型」をきちんと身に付けたら、今度は型を「破」って、自分なりのやり方で改善・工夫する段階です。自分なりの個性やカラーを見せるステップと言えます。

そして最後は、人に任せて、その仕事から「離」れ、より難しい仕事に挑戦するのです。

このように「型」を「守」って、「破」って、「離」れる――という一連のステップが「守破離」です。

皆さんには当然、「破」や「離」のステップに進むことが期待されています。でもその前に、まずは「守」のステップ、つまり「型」をきちんと身に付けることが求められているのです。

「いつも仕事がバタついて、なぜか効率的に進まない」という人は、実は仕事の「型」をきちんと身に付けていないことが多いのです。

仕事をスムーズに進めるために

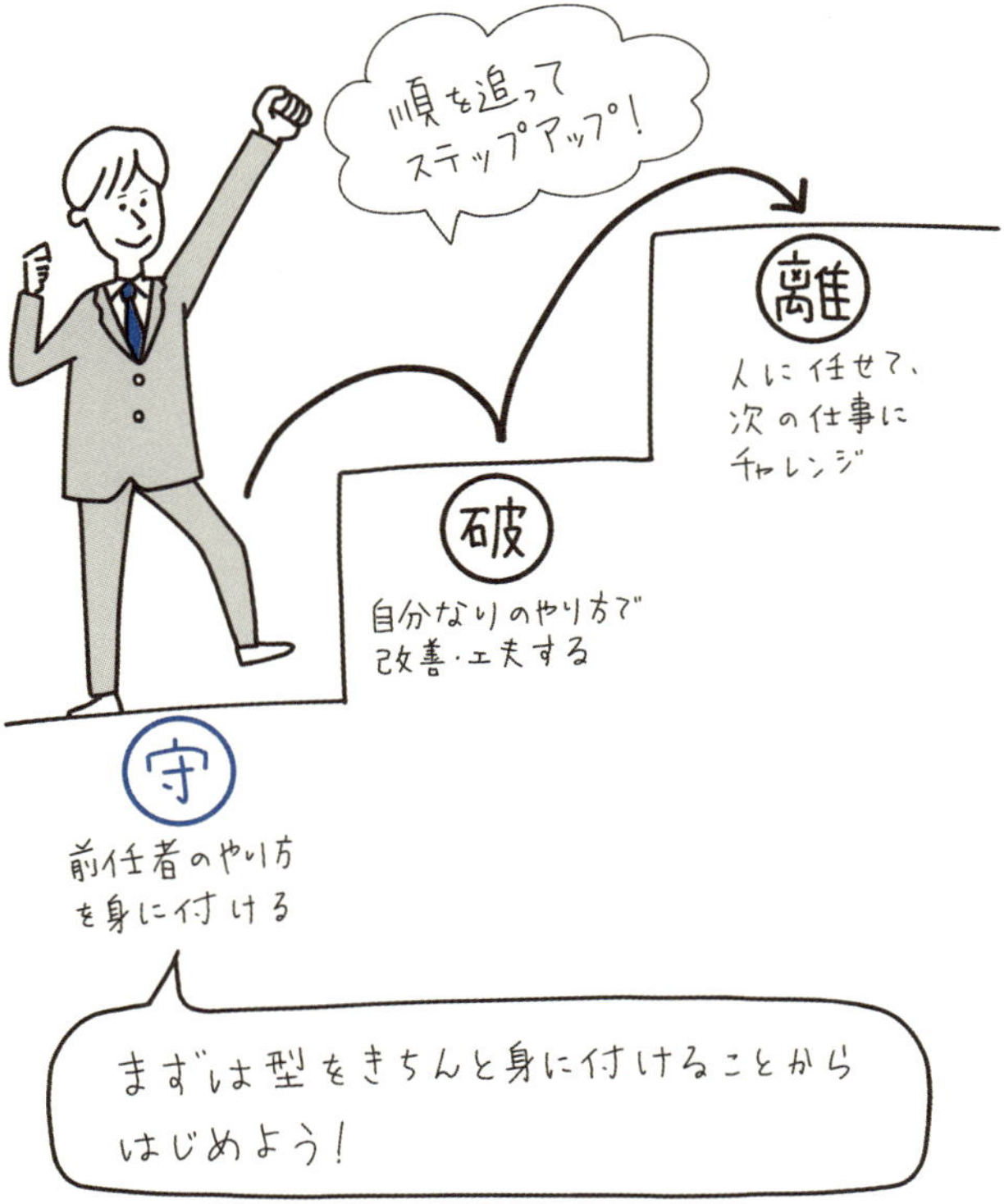

着実に仕事をこなすには、
「型」を身に付けることが大事

とことん効率が凝縮されている

では、いったいなぜ「型」が重視されるのでしょうか?

たとえば、武道における「型」は、効率的な力の使い方やケガをしないための所作を凝縮したものです。これを身に付けずに試合をすると、ただの取っ組み合いのケンカになり、ケガをします。だから、きちんとした「型」を身に付けるまで試合をさせてもらえません。

仕事の場合、効率的な方法、間違いを犯さない工夫が凝縮されたものが、これまで前任者が作り上げたやり方(=「型」)で、これを身に付けずに自己流で挑むとケガのもとなのです。

教えてもらったやり方には**一見ムダに見えるものがありますが、「なるほどそういう背景があったのか!」と後から納得することが多い**ものです。そういう背景を知らずに、自己流で処理すると、私のように大きな落とし穴にはまって泣きを見るのです。

先輩たちが積み上げてきた効率的な業務処理方法、つまり「型」をマスターすることが、残業ゼロへの近道なのです。

ちなみに「型」を身に付けたうえで、それを「破る」人は、昔から「型破りな人」といって、尊敬されてきました。一方で、「型」をきちんと身に付ける前に自己流に移ってしまう人は「形無し」といって、見下されてきたのです。

新人の頃からムダが大嫌いだった私は、「型」を身に付ける前から前任者のやり方を否定し、無謀にもいきなり改善に取り組もうとしていました。

さしずめ、上司から「形無し」と判断されたのでしょうね。

Managing your time efficiently

8

スピードを上げたいなら、マニュアルが必須

!

いわば仕事の参考書。
仕事がさくさく進む

後任への引き継ぎではなく、自分のために作るもの

仕事の「型」を早く、正しく身に付けられるかどうかは、職場環境が大きく左右します。

「先輩が何もフォローしてくれない」「質問しにくい」「先輩の説明が下手」「業務を引き継ぐ気がそもそもない」といったことで悩んでいる人は多いものです。

なかでも、業務習熟に大きな影響を与えるのがマニュアルです。**マニュアルがきちんと整備されていれば、仕事の流れが理解しやすく、ミスも減る**からです。

しかし、マニュアルが必要な難しい仕事ほど、マニュアル作りに手間がかかるので、逆にマニュアルが整備されていないものです。

マニュアルがないうえに、前任者の教え方が悪いと途方にくれますよね。自分の理解力不足のせいにして、落ち込むこともあるのではないでしょうか。

そういうときは、**自分でマニュアルを作ってしまうのが一番です**。すでにマニュアルがある場合には、わかりやすく、使いやすいように改善に取り組んでみましょう。

マニュアルは通常、後任への引き継ぎのために作成するケースがほとんどです。しかし、自分自身がその業務を覚えたり、改善したりするのに最も役立つのがマニュアル作りなのです。

マニュアルは後任のためでなく、自分の時短のために作るのです。

最初は、箇条書き程度のもので構いません。でき上がったら、**仕事全体の流れ、忘れてはいけないこと、ちょっとしたコツ等も、どんどんマニュアルに書き込んでいきます**。

さらに、書類の保管場所（キャビネット内の位置）、データの保存場所（サーバ内のディレクトリ）、カギの開け方のコツ、誰に連絡すればスムーズか、その際の電話番号やメールアドレスまで、細かなノウハウや情報をマニュアルに盛り込むのです。

これが時短の特効薬です。

マニュアルを作成しよう

A社様見積書作成マニュアル

	手順	コツ・ポイント・連絡先	データ等保管場所
1	商品名、数量、納期を客先担当者に確認	比較のために前回の見積書を準備。	○○サーバ→見積書ファイル→A社
2	定型フォーマットの呼び出し（A社用）	商品別にファイルを保管する。	○○サーバ→見積書ファイル→A社
3	品番の記入	品番はWEBカタログで写真と照合すること。※ax01とay01はよく似ているので間違えないよう注意	WEBカタログのアクセス先 xxx.abc@123.com
4	数量の記入	ケース単位か、単品か間違えないこと。（cs…ケース、pcs…個）	
5	単価の記入	数量によって単価が変わる。商品別価格表の最新版を確認すること。	価格表はキャビネットNo.3の二段目に保管
6	送料の記入	発送時のケース数は配送部に確認。◎担当：山田（内線222、e-mail yamada@xxx.xx）配送地域別に送料が変わるので、地域別送料一覧を参照。	送料一覧は「部内ファイルサーバ→見積書→配送料→地域別送料.pdf」参照
7	割引額の記入	顧客別の割引率を適用。コンペや大口購入の場合は先に課長の指示を仰ぐ。	

保管場所を詳しく書いておく

間違いやすいポイントもしっかりメモ

連絡先まで載せておくとスムーズ

※注意点

・A社担当　山口様は毎週月曜日出張のためほとんどが不在
・2019年10月納品分から消費税額が変わるので注意

ちょっとしたメモも役に立つ!

これでもう迷わない!
どんな仕事もスムーズに進む

ちょっとしたミスや失敗談も書いておこう

いざ仕事を始めようと思っても、書類が出てこない、サーバ内のファイルが見つからない、名刺が出てこない、内線電話の番号がわからない等々、探しものや調べもので、実に多くの時間を使っています。

ものを探す時間は、ムダ以外の何ものでもありません。ある調査によると、オフィス内でものを探すのに費やす時間は、一人平均年間150時間だそうです（大塚商会調べ）。一年のうち、一か月の所定労働時間に匹敵する時間を探しものに費やしているのです。

だから、これらの情報をマニュアルにすべてまとめておけば、とてもスムーズに仕事を進めることができるのです。

マニュアルには、失敗経験やその原因も大切なポイントとして記載していきましょう。**同じ落とし穴にはまらないよう、トラブルなどを書き留めておく**のです。

仕事のムダを見直すきっかけに

さて、誰が見ても理解できるマニュアルを作成できたら、その時点であなたはその仕事をほぼマスターしています。それにつれて、処理スピードも格段に速くなっているはずです。

ここまでくれば、次のステップ、マニュアルを使ったムダの見直しに進みましょう。作り上げたマニュアルをよく読み返してみると、思わぬムダの発見があるものです。たとえば、「あれ、この資料は何のために作っているのだろう?」「この資料とあの資料はほとんど同じ内容だ」といった具合に、業務のムダを発見することができるのです。

マニュアル作りで気づいたムダはさらに改善して、時短を進めましょう。

Managing your time efficiently

9

あえて「電子データ」より「紙ファイル」

!

「アナログ＝非効率」と決めつけない

今でも「紙」が支持されるワケ

資料を調べるように指示されると、自席からサーバにアクセスしてフォルダの中を探し回り、プリントアウトして上司に持っていく人がいます。

一方、中高年はなぜかすぐに紙のファイルを取りに行きます。

中高年が紙をパラパラめくっている姿は、いかにも「アナログ感全開」ですよね。でも、この「アナログ感全開」の紙ファイルを侮《あなど》ってはいけません。

資料を探そうとサーバにアクセスしている間に、紙ファイルをつかんで、もう上司と話し始めている先輩を見たことはないでしょうか？

関連事項を質問され、慌てて自分が席に戻っている間に、先輩は紙ファイルから別の資料を探し出し、すでに上司に説明を始めています。

このように、**調べもののスピードでは、紙ファイルが圧勝です。**

私は合理主義者なので、「デジタルは嫌い、アナログに戻せ」などと言うつもりは毛頭ありません。効率のよいものを選んで時短につなげればいいのです。

さて、ファイリングの電子化にはメリット、デメリットがあります。

電子ファイリングのメリットは、キーワードや作成日などからファイルを探せる検索性の良さに加え、低コストで保管でき、紛失、劣化などのリスクが少ないことです。

デメリットは、電子データは紙に比べ一覧性が劣ることです。**紙ファイルなら、貼られたインデックスシールを頼りに、瞬時に何百ページも飛ぶことができます。**電子データの場合、サーバ内のファイルを探してクリックし、目的の資料を表示しなければならず、骨が折れます。

紙の読みやすさに到底かなわないのです。

断然、仕事の流れが把握しやすい

紙ファイルの最も大きなメリットは、仕事全体の流れが理解しやすいことです。たとえば、**新しい仕事を引き継ぐ際、紙のファイルを渡されたら、物語でも読むように最初からパラパラと資料をめくれば、仕事の一連の流れが大まかに理解できます。**私も、人事異動の直後は、担当業務のファイルを片っ端から読み込んだものです。

同じことを電子データでやろうとすれば、一ファイルずつクリックして開き、画面をスクロールしながら読み込むことになり、非常に根気が必要です。

電子データは、時系列に保存されていないときや、どれが最終版かわからないときさえあります。ファイル名が不適切だと、目的の資料を探すのに一苦労です。紙なら簡単にできる資料の読み飛ばしも、電子データでは非常に手間です。

ひとまとまりの業務、**たとえば「〇年度展示会」「〇年度新商品発表会」などは、紙でファイリングしてみましょう。**たったこれだけで、大幅な時短につながります。

何をいまさら紙ファイルをと思うかもしれませんが、想像を超える時短効果があるので、ぜひ実践してみてください。

Managing your time efficiently

10

結局、メールより電話が圧倒的に有利

!

「とりあえずメール」が
クセになっている人は要注意

口頭なら3分。メールだと20分かかる

「気がつけばメールが大量にたまっている」「メールのやり取りだけであっという間に半日が終わってしまった」という経験は誰にでもあるものです。

メールに没頭していると仕事をやった気になりますが、その割に一向に仕事が片づかないと感じませんか？

通常、口頭で3分間話すと約1000字程度の文字数になります。一方、タイピングは1分間に100文字打てれば早いほうですから、口頭による3分間の報告を、よどみなく文字起こしするだけで、最低10分程度の時間がかかる計算です。

微妙なニュアンスを表現し、全体の構成を考え、意図が伝わるよう推敲《すいこう》すれば、最低でもその倍の20分は文章作成に時間がかかってしまいます。

口頭では3分で済むことを、20分かけてメールしている——誰もが日常的、かつ無意識にこういう仕事のやり方をしているのです。

挙句の果てに、せっかくメールで詳細を上司に報告したのに、「内容を詳しく聞きたい」と呼びつけられ、メールにかけた時間がまったくムダになることさえあります。

メール習慣を見直すチャンス

メールに費やす時間を効率化すれば、大幅な時短ができます。

それには、ポイントが3つあります。


一つ目は、**受信ボックスを見渡して、込み入った内容のメールから順に口頭連絡すること**です（口頭の連絡には電話連絡を含みます）。


効率が上がらなくて悩んでいる人は、それとは逆に、ややこしい内容のメールほどメールで返信する習慣がついてしまっているのです。

習慣を切り替えるのは容易ではありませんが、チャレンジしてみてください。

最初のうちはあまり効果を感じないかもしれませんが、一か月くらいすると、これまでより早く帰れるのを実感するようになるはずです。

二つ目は、上司への報告は、簡単なものも含めて口頭に切り替えることです。報告内容を文章でまとめたり、他の人と共有したりするよう上司から指示されたら、そのとき初めて文書を作成すればムダがありません。口頭が先、文書は後です。

三つ目は、メールよりも先に口頭連絡に着手することです。手軽さもあって、ついメールから着手しがちなのですが、必ず口頭連絡を先に行いましょう。口頭で連絡しやすいのは、相手がオフィスにいる間だけだからです。

特に、社外の相手なら営業時間中しか電話が通じないことがあるので、真っ先につかまえなければなりません。

つまり、優先順位は、

①社外への電話連絡
②社内の他部門への電話連絡
③自部門の口頭連絡
④メール

という順番です。

また、電話で相手がつかまらない場合、すぐにメールに切り替える人がいます。しかし、落ち着いて用件を精査し、急ぎでないならもう一度電話を掛け直しましょう。**相手がつかまらないからといって、あせってすぐにメールすると、一向に時間削減はできません。**

相手に電話を依頼できる立場なら、詳細は電話で伝えるので、何時頃電話がほしいとだけ伝言を頼む（網を張っておく）のも一手です。

メール時間を削減するには…

■ 口頭連絡がキホン

Point 1　受信ボックスを見渡し、込み入った内容のメールから順に口頭連絡

Point 2　上司への報告は、まずは口頭連絡
求められてから文書作成

Point 3　メール作成より先に、口頭連絡

■ 優先順位は…

① 社外への電話連絡

② 社内の他部門への電話連絡

③ 自部門の口頭連絡

④ メール

これで、大幅な時間が削減できる！

Managing your time efficiently

11

効率が悪い人ほど「何でもメール」と言う

!

それは本当にメールじゃないとだめ?

メリットがあるなら、迷わずメールで

ある会社の作業時間を分析してみたところ、メールに費やす時間はなんと在社時間の四分の一、管理職に至っては、実に三分の一でした。大半が営業職で、平均在社時間は短かったのですが、それでも驚くほどの時間をメールに浪費していたのです。

皆さんも、多くの時間をメールに奪われていることでしょう。しかし、メールの削減に取り組みたくても、どこから手を付けていいか悩ましいものです。

メールは、口頭でのコミュニケーションに比べ、次のようなメリットがあります。

①一度に多人数に送信できる
②日時や金額など、口頭では起こしやすい伝達ミスを防ぐことができる
③地図や写真など、口頭では伝えにくい内容を伝えられる
④添付ファイルを送付できる（大量の文書を送付できる）

⑤深夜や不在時など、相手の都合に合わせる必要がなく、こちらの都合で一方的に送信できる（受信者・送信者とも時間的拘束がない）
⑥クレームなどの対応の際、相手の感情を直接受け止めなくてもよい
⑦やり取りの証拠が残る

まず、①から④は、メリットが生きやすいので積極的にメールを活用します。
⑤については、営業時間中にいったん口頭のコミュニケーションにチャレンジし、相手がつかまらなかった場合か、やり取りや議論が不要な内容に限ってメールに切り替えるほうがよいでしょう。
⑥については、メリットと効率性を天秤にかけ、ケースバイケースで判断します。

判断のポイントは、メールを削除して困るかどうか

最後に、⑦の「証拠が残る」というメリットについて考えてみたいと思います。
金額や日時の伝え間違い、聞き間違いによるトラブルは思いのほか多く、「言った、

言わない」の水掛け論にならないよう、メールで証拠を残すことは確かに有効な手立てです。

だからと言って、なんでもかんでも証拠を残そうとするとメールは減らせません。証拠として残すかどうかの判断基準は、**「そのメールを削除して後から困るかどうか」**です。

なかなか判断がつかないなら、口頭連絡の効率性とメールの証拠力の「良いとこ取り」をする方法もあります。

打ち合わせは口頭でして、決まったことだけを後で「メモ」としてメールで送っておくのです。こうすると、手間のかかる途中のやり取りを効率化でき、証拠を残すこともできます。

実は、これが効率的な仕事をする人に共通する行動パターンなのです。

Managing your time efficiently

12

その仕事は、「Must」か「Want」か？

!

ムダな仕事に時間を費やさない

丁寧に仕事をする人が、評価が高いとは限らない

Aさんは一見雑に見える資料しか作成しないし、電話やメールも用件だけでそっけない。定時でスパッと帰るし、あまり仕事熱心にも見えない。

一方、Bさんのほうがきれいな資料を作成するし、調べものもきちんとしている。夜遅くまで残って熱心に仕事もしている。

それなのに、上司やお客様から評判がいいのは、いつもAさんのほうだ。

皆さんは、このようなケースを目にしたことはありませんか？

すべての仕事を丁寧に、完璧に仕上げるべきだと思っているなら、残念ですが、この先も残業地獄から抜け出せないし、会社や上司から評価されないでしょう。

なぜなら、作業時間は会社からみればコストだからです。なんでも丁寧に、完璧にという考え方には、費用対効果の視点が抜け落ちてしまっているのです。

「やらなければならないこと」に時間をかける

タスクには、「必ずしなければならない（＝Ｍｕｓｔタスク）」と「やったほうが望ましい（＝Ｗａｎｔタスク）」に分類できます。

たとえば、比較検討用の一覧表の提出はＭｕｓｔでも、その表を美しく仕上げることはＷａｎｔです。会議の開催はＭｕｓｔでも、リマインドメールはＷａｎｔです。

Ｍｕｓｔか、Ｗａｎｔかを判断する基準は、そのタスクをやめて困るかどうかです。Ｗａｎｔタスクは、手間やコストと有効性を天秤にかけて取捨選択します。つまり、費用対効果で、やるかやらないかを判断するわけです。

Ｗａｎｔタスクでは、いい意味で「手を抜く」ことが効率化です。

仕事が遅い人の中には、Ｗａｎｔタスクに時間をかけすぎて、Ｍｕｓｔタスクに手が回っていない人をよく見かけます。これでは本末転倒ですし、効率化は望めません。「これはＭｕｓｔか？　Ｗａｎｔか？」と常に自問自答する習慣をつければ、きっと仕事のやり方は変わるはずです。

その仕事は、本当に必要？

仕事に取り掛かる前に、一度考えてみよう。
すると、時短のポイントが見えてくる！

Managing your time efficiently

13

日報、精算、回覧…。手を抜いていい仕事もある

!

時間は有限。
しなくていい仕事はしない

価値を生む仕事にとにかく集中

先ほど「Ｍｕｓｔ」と「Ｗａｎｔ」を切り分け、「Ｗａｎｔ」の効率化に取り組むと述べましたが、これには優先順位があります。

そのヒントとなるのが、自分の「主業務」と「付随業務」が何かを考えることです。**「Ｗａｎｔ」タスクの効率化は、「付随業務」に関するものから行わねばならない**からです。

まず、「主業務」とは、文字通り自分の仕事のメインの業務、価値を生み出す仕事を言います。

営業だとお客様と商談を進め、売上を上げることです。プログラマーだとプログラムを書くこと、医師だと患者の治療や診察です。

一方の「付随業務」とは、「主業務」以外の仕事を言います。

日々の日報作成、会議、出張旅費精算、アポイント調整、挨拶状の送付、社内回覧物の閲覧等々、付随業務にはさまざまなものがあります。

誰でも一日に与えられる時間は平等です。

成果を多く上げ、かつ早く帰るには、成果につながる「主業務」にできるだけ多くの時間を使い、「付随業務」に割く時間を減らすことです。

付随業務にいくら時間をかけても、成果は上がらず、評価されません。

たとえば、「請求書発送」は一般的には「付随業務」です。これに丁寧な送付状を添えても何の価値も生まないばかりか、送付状をつけなくても何も問題ありません。

つまり、**請求書発送という「付随業務」の中で、送付状を添付する作業は「Want」タスクであり、真っ先に見直しの対象としなければなりません。**

「付随業務」には、最低限の力で対応する――このように、割り切って仕事を進めることが時短を加速させるのです。

たとえば営業職の場合、一番に見直すべき仕事は?

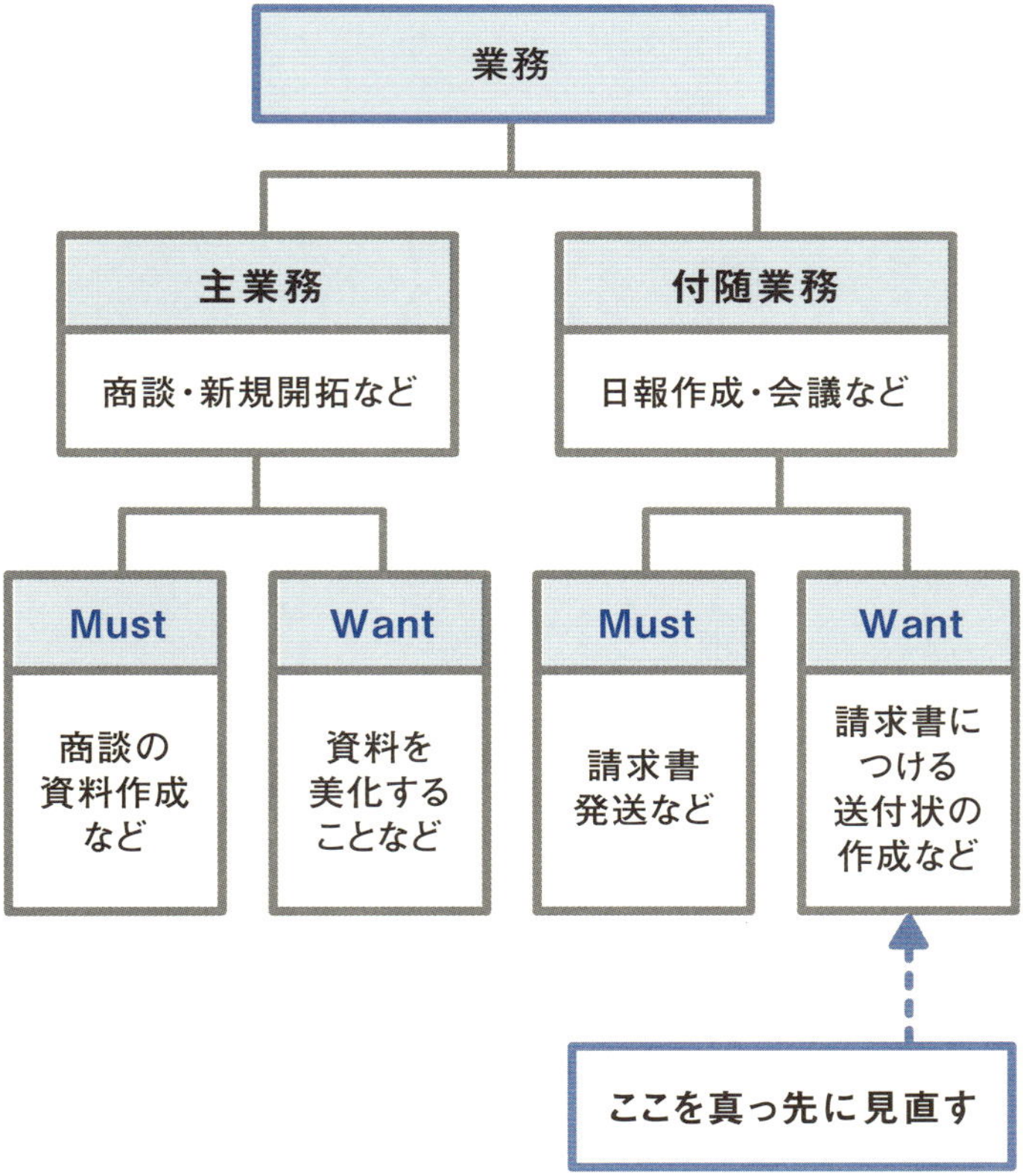

**仕事が速い人は、
「やらなくていい仕事」をしっかり押さえている**

Managing your time efficiently

14

アウトプットが高い人は、「見栄え」より「内容」を重視

!

「見た目の美しさ」は後回しでいい

内容に不安があると、見た目で勝負したくなる

「あの資料まだ？」といつも上司から催促される人ほど、見た目の美しさにこだわった資料を提出する傾向があります。

さまざまな太さの罫線を巧みに使い分けた、見栄えのいい表が貼り付けられていたり、フォントやフォントサイズを変えたり、細部にこだわった資料を作成するのです。プレゼン資料ならカラフルなチャートやイラスト、アニメーションや動画の貼り付けなど、凝り具合がさらに強くなります。

でも残念ながら、こういう資料の多くは、**かけた時間のわりに残念な内容のものが多い**のです。

それはなぜなのでしょうか？

社内向けであれ、お客様向けであれ、資料は何かを検討するために作成するもので

す。だから、そのために必要な情報さえ入っていれば十分なのです。

しかし、内容に自信がないときほど、見栄えで勝負してしまうのです。

いくら見た目が美しい資料を作成しても、肝心の内容が不十分だと、上司は必ず手直しを命じます。その結果、また遅くまで残業しなければならなくなるのです。

こういう人は、いつの間にか力を入れるポイントがズレてしまっているのです。こだわるポイントを、資料の美しさに置いている限り、毎回同じことを繰り返します。

ムダに残業したくないなら、先に何度か上司とやり取りしながら内容を詰め、「見栄えは後で修正しますが、内容はこれでいいでしょうか？」と提出してみてください。

意外にも**「体裁はこだわらなくていいよ、これで十分」とそのまま通ってしまうことが多いもの**です（体裁ばかり指摘する上司がいるのも事実ですが……）。

資料のクオリティは、内容であって体裁の美しさではありません。

体裁にこだわって、ムダな残業をすることほど無意味なことはないのです。

時間をかけるポイントがズレていない？

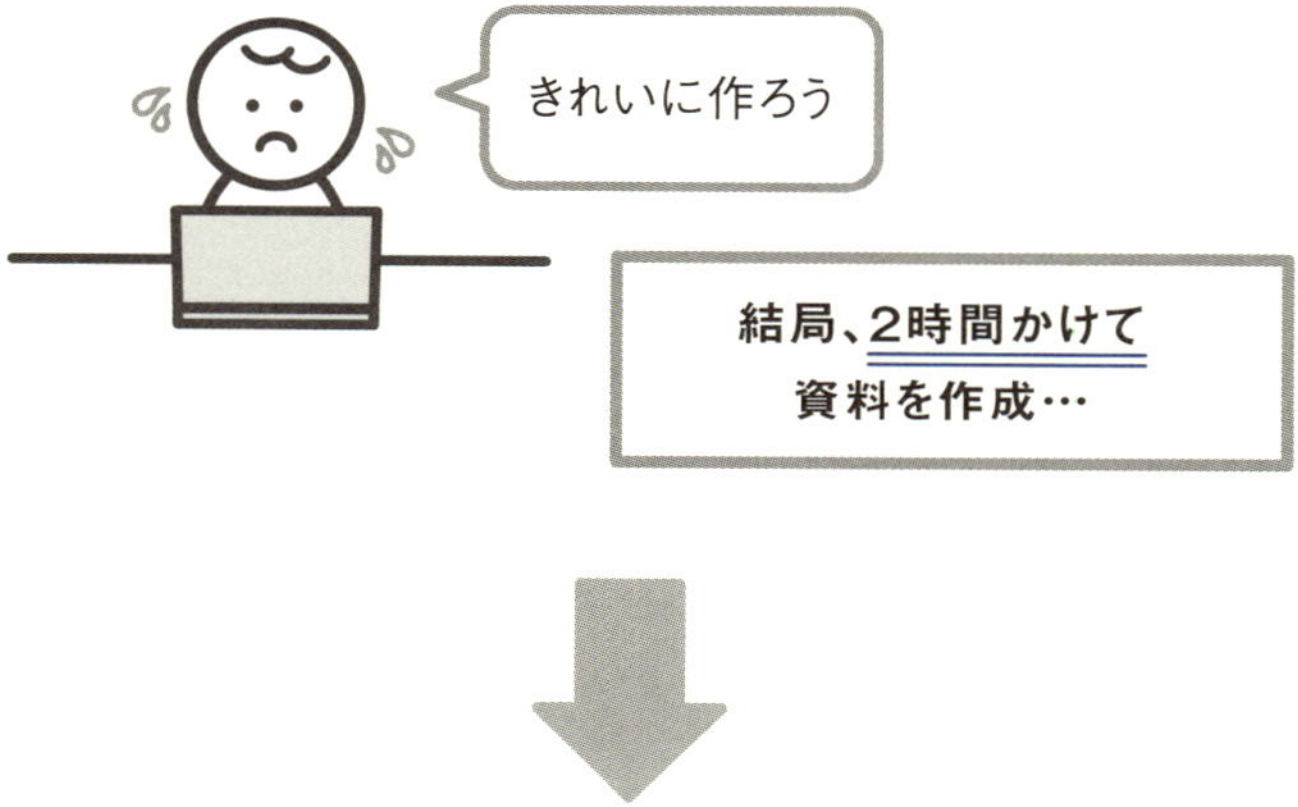

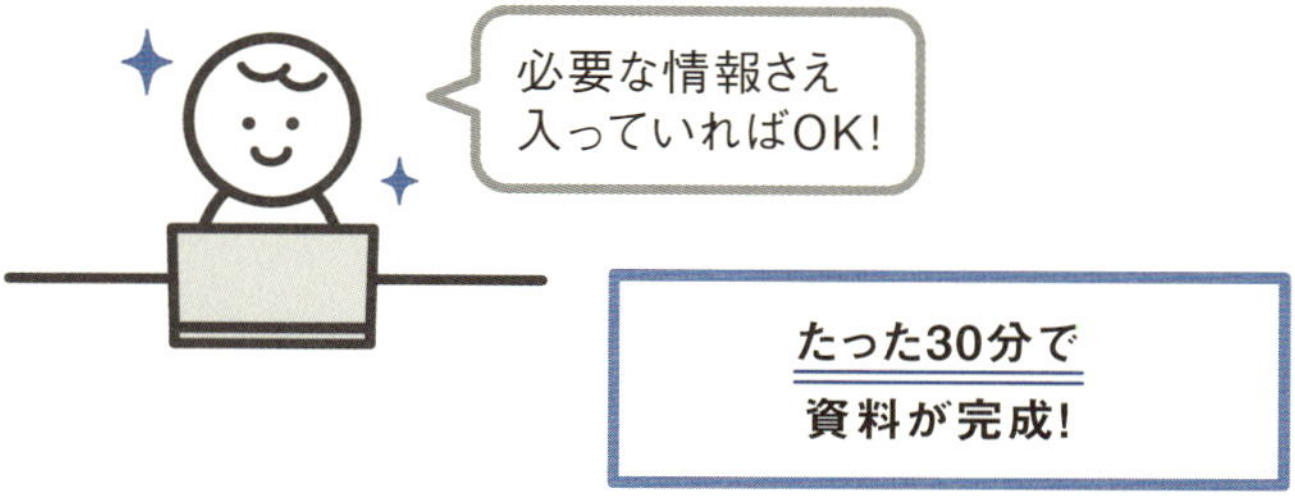

求めているのは内容。
見た目重視の仕事から脱却しよう

Managing your time efficiently

15

生産性を上げたいなら、仕事は「分解」する

!

細かくすると、仕事はどんどんはかどる

「新入社員教育の準備」には、どんなタスクがある？

仕事は、ある程度短時間で完結するタスクに分割して、処理するのが重要です。

たとえば、「新入社員教育の準備」という単位では仕事が大きすぎるので、とても一日では終わりませんし、何から手を付けていいのかさえわかりません。

しかし、「研修会場選定」「研修会場の予約」「社外講師の人選」「社外講師への依頼状作成」「社外講師との打ち合わせ」「カリキュラム案作成」「予算案策定」などのようにタスクに分解すると、**一つひとつはある程度の時間で完結する大きさ**になります。


分解したタスクの取り組み方次第で、仕事の生産性は大きく変わるのです。


まず、タスク間の前後関係について考えてみます。

先ほどの例で言うと、社外講師との打ち合わせが終わっていなければ、謝礼の額がわからないので、予算案が策定できないなど、何かのタスクの結果を受けて他のタスクが進む場合には、その前後関係を考えておかねば、ムダ手間が増えることになります。これは論理的に考えられるので、あまりここでつまずく人は多くありません。

関連するものはひとまとめに

しかし、タスク間の関連については、意外にも多くの人が無頓着です。

関連するタスク同士は、極力ひとまとめでやるほうが効率的です。

先ほどの例で言うと、同じ講師に別の研修を頼む予定があるなら、その打ち合わせを兼ねると一度で済みます。

一見、当たり前のように思えますが、異なる仕事のタスクなので、うっかり抜け落ちることが多く、結果、何度も打ち合わせをしなければなりません。

関連するタスクはひとまとめにして、一気にやったほうがスピードは早く、効率的です。関連するタスクを細切れにしたり、間を開けたりすると、「この前どこまでやったかな?」と思い出すのに時間がかかるうえ、タスク間の整合性を取るにも一苦労です。タスクは脈略なく細切れに取り組むのではなく、**極力関連するものをまとめて行うと、グンと時短が進むのです。**

大きな仕事を効率よく進めるために

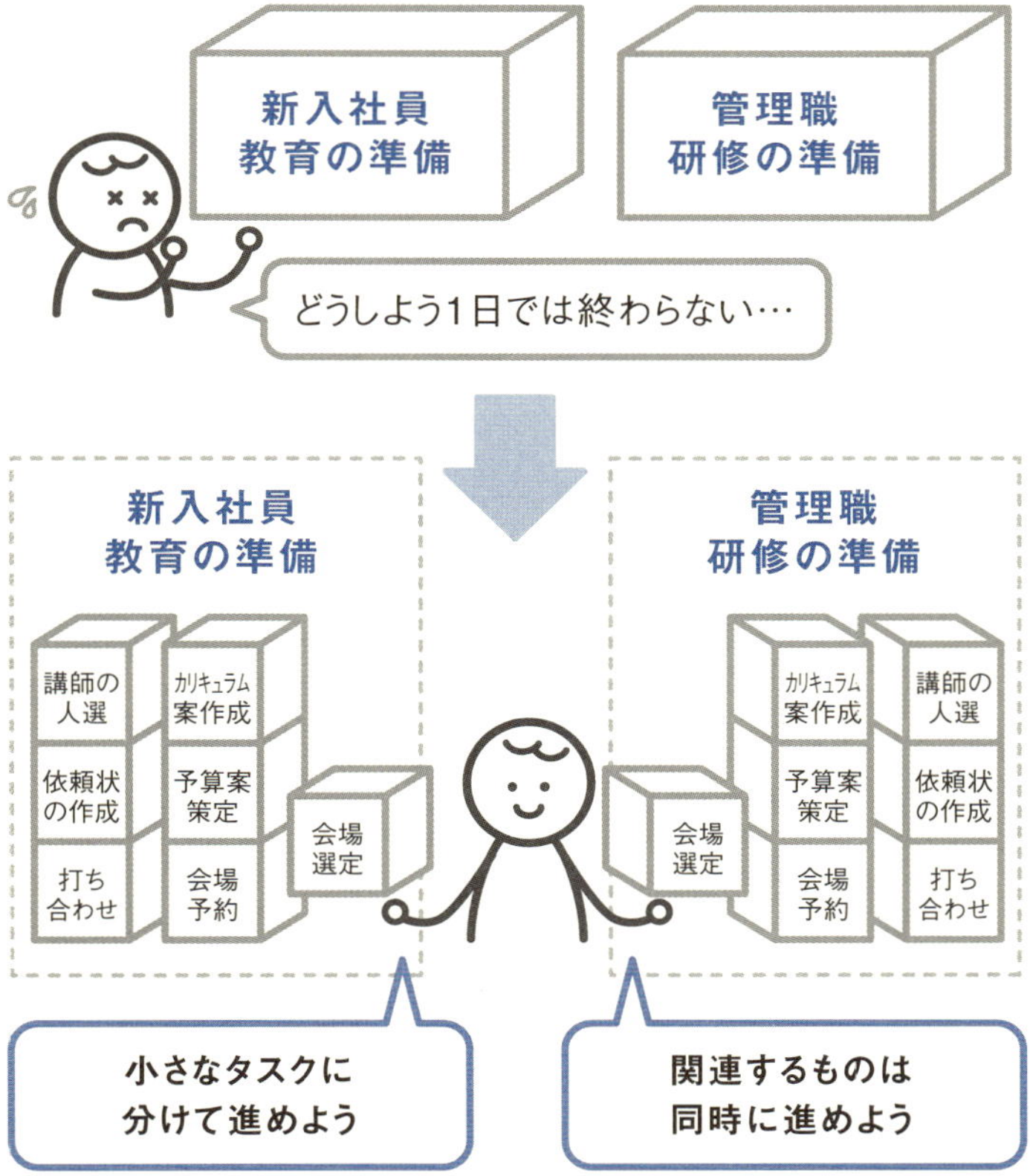

これでスピードは一気に上がる!

第 3 章

時間にも仕事にも追われない人のスケジュールの立て方

Managing your time efficiently

Managing your time efficiently

16

品質やコストよりも、まず「納期」

!

これぞ、ビジネスの要

どんな仕事にも必ず「納期」がある

「ＱＣＤ（品質、コスト、納期）のうち、最も優先すべきものは何でしょうか？」

何の前置きもなく、企業の研修でこういう質問をすると、最も多く手が挙がるのが「品質」、次いで「コスト」、最後が「納期」です。

業種や職種によってやや回答傾向は変わるものの、「納期」に手を挙げる人は少数で、**「納期」は比較的軽んじられがち**です。

わが国では「品質」や「コスト」に関する社員教育が徹底されてきた影響でしょう。

さて、このＱＣＤですが、あちらを立てればこちらが立たずというトレードオフの関係にあります。つまり、「三すくみ」の関係とも言えます。

品質を優先するとコストが上がったり、納期が延びたりします。納期が短ければ品質が落ちたり、余計なコストがかかったりします。どれかを優先すれば、他が割を食うのです。

何よりも最優先すべきこと

「品質」や「コスト」が重要なのは当然ですが、仕事の計画を決めるときに最初に押さえなければならないのが、何より「納期」です。

漫画や小説などの賞に応募することを想像してみてください。

必ず締切があり、その締切内でできる最高の品質で作品を仕上げて応募しなければなりません。自分が納得できる状態に仕上げる時間はもらえないのです。

賞を取ったり、プロデビューしたりする人は、与えられた期限内でき得る最高のものを繰り返し世に送り出していく人です。

逆に、成果を上げられない人ほど、「満足いく作品が仕上がったら応募しよう」とか、「今回は完璧ではないから応募しない」というスタンスをとりがちです。

どんな仕事もまず納期！

でも、納期という制約の中でベストを目指さない限り、この先応募の機会はやってきません。

皆さんの仕事もまったく同じで、**納期という制約の中で、最大限の品質を目指せばよい**のです。

まずは納期を最優先して仕事を進めましょう。納期に厳格な人は、高い品質を維持し、効率よく仕事ができる人なのです。

Managing your time efficiently

17

いつまでたっても終わらないのは、納期が曖昧だから

!

あやふやなまま進めると、
後で痛い目を見ることに…

納期を起点にスケジューリング

部下に仕事を指示する場合、上司が不安に思うことがあります。

それは、「ちゃんとやり遂げてくれるかな？」という点です。

仕事を確実にやり遂げる力がある人は、「この仕事はいつまでにやればいいですか？」と、必ず「納期」を確認します。

しかし、「納期」を確認してこない人に対して上司は不安を感じます。

仕事を受けるときに、締切を曖昧にしたまま仕事に取り掛かる人は驚くほど多くいます。結局、自分の都合で納期を設定するので、いつまでたっても作業が完了しません。遅くまで残って苦労しているわりに、相手からの信用も得られないのです。

仕事の段取りも、「納期」を起点にスケジュールを組み立てることからスタートします。

いつまでに仕上げるか（＝納期）をまず初めに決めれば、そのためにどういう手順を踏むのか、どうすれば効率的なのか、仕事全体の段取りを考えやすくなります。

飛び込み仕事の際、「お急ぎですか?」と質問することで、今抱えている仕事との優先順位を調整しやすくなることを説明しました。

それと同じように、これから取り組む仕事の前には、「いつまでにやればいいですか?」と、真っ先に「納期」を共有することからはじめましょう。

しかしながら、仕事を進めるうちに、決められた納期では最低限の品質を確保できないと気づくときもあります。そういう場合は、気づいた段階で上司に伝え、進行途中で納期を再調整してもらうのもひとつです。

「納期」を明確にして仕事全体の段取りをイメージし、そこから想定される問題点を早め早めにつぶしておくのが効率化のキホンです。

納期をあやふやにしない

納期が決まると、
スケジュールを組みやすい!

Managing your time efficiently

18

「来るのを待つ」ではなく「取りに行く」が大事

!

先手必勝。自分で主導権を握ろう

「仕事を振られそう」と思ったら…

来るとわかっている仕事をビクビクしながら待っていると、たいていは最も嫌なタイミングで上司から指示されるものです。

「今は最悪のタイミング、振られた仕事を後回しにしたい……」そう思うことは少なくないはずです。

だったら、遠慮せずにひと言伝え、後回しにしてもらいましょう。

でも、それには少しコツが必要です。

同じ発言内容でも、伝え方によって正反対の印象を相手に与えるからです。

上司は自分が仕事を指示したとき、部下から「明日でいいですか？」と言われると、あまり快く思いません。

しかし、上司が指示する前に、部下から「あの件ですが、今○○で手いっぱいなので、明日でよろしいでしょうか？」と先に言われると、部下を頼もしく思うものです。

自分がやらなければならないことを、しっかりと認識していると感じるからです。どちらも「仕事を明日に回す」と伝えているのに、上司がまったく正反対の感情を持つのです。人間の心理はおもしろいものですね。

自分に飛んで来る仕事からは、結局のところ逃げられません。それなら、自主的に上司へ声をかけ、自分でスケジュールをコントロールしたほうが得なのです。

自分から上司に声をかければ主導権を握ることができ、効率的なスケジューリングができます。また、仕事の優先順位に関しても、上司に相談ができるのです。

しかし、あなたが受け身であれば、上司が主導権を握り、あなたの都合は軽視されるので、スケジュールや優先順位がめちゃくちゃになるのです。

仕事は指示を待たずに自分から拾いに行くほうが、結果的に時短につながるのです。

自ら声をかけてみよう

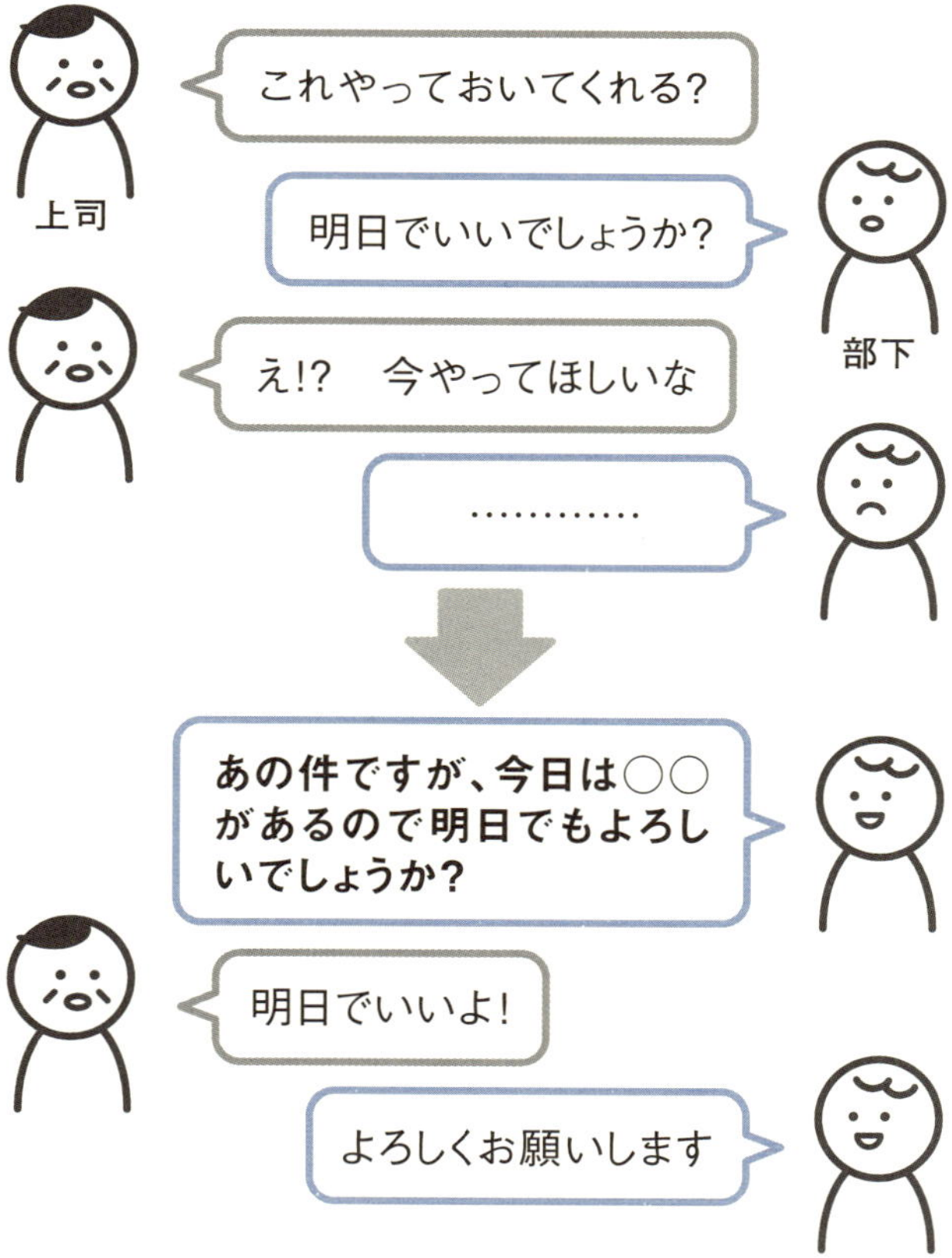

来るとわかっている仕事は
自分から声をかけよう!

Managing your time efficiently

19

朝5分の使い方で、帰社時間は決まる

!

会社に着く前にスケジュール確認

朝の通勤時間、何をしていますか？

ある会社で、スケジュールなどを共有するグループウエアの利用実態を調査したところ、実におもしろい傾向を発見しました。

それは、残業時間が短い人ほど、早朝からグループウエアにログインしていたのです。

その会社のグループウエアは、スマートフォンなどで外部からアクセスできるのですが、**残業時間が短い人ほど早朝、つまり、通勤中に自分のスケジュールを確認している**ことがわかりました。

厳密に言うと、実は逆で、通勤時間中にスケジュールを確認していない人は、ほぼ例外なく長時間残業していたのです。

これは、効率的に仕事をこなすためには、最低限、仕事に取り掛かる前に今日の予定を確認し、頭の中でスケジュールを組み立てなければならないことを示しています。

会社の席に座ってから、「さて、今日は何の仕事から取り組もうかな」と行き当たりばったりで仕事を始めるようでは、仕事の能率が上がりません。一日のスケジュールの組み立てや仕事の優先順位付けをしていないからです。

こういう状態で仕事をしていると、上司から仕事を振られた際、たとえそれが急ぎの仕事でなくとも、振られた順に取り掛かってしまいます。

本来は効率的な仕事の手順があるはずなのに、飛び込み仕事が入ったとたん、組み立てがめちゃくちゃになるのです。

その結果、今日中にやらなければならないことが後回しになって、結局は残業で対応せざるを得なくなるのです。

日曜日の晩に、一週間の予定をチェック

先ほどの調査では、もうひとつ、さらにおもしろいことがわかりました。

それは、日曜日の晩にグループウエアにログインし、自分のスケジュールを確認し

ている人ほど、生産性の高い人であることがわかったのです。

効率的に仕事をこなす人は、通勤時間中だけでなく、日曜日の晩に一週間単位の大まかな段取りを頭で整理してから仕事に臨んでいるのです。

「プライベートまで仕事のことなんか考えたくない。それこそ社畜じゃないか！」という意見が聞こえてきそうです。

でも、**朝の通勤時間にSNSを見たり、ゲームや漫画を楽しんだりする時間をほんの少しだけ削って、仕事の段取りを考えるだけ**で、それに使った時間の何倍も早く帰ることができ、より多くの余暇を手に入れることができます。

早く帰りたいなら、その日の段取りは事前に考えておく――ぜひ実践してみてください。

Managing your time efficiently

20

スケジュールのキモは「バッファ」にある

!

遅くとも、締切の2日前には提出しよう

一発ＯＫは基本的にあり得ない

皆さんが、上司から一発ＯＫをもらう確率はどの程度でしょうか？

上司は、間違いが起きないようにチェックしたり、より良い内容となるように指摘したりする役割責任を負っており、何らかの指摘をしようと常に身構えています。

そんなわけで、一発ＯＫなど基本的にあり得ません。だから、やり直しや修正は当然のものとして、そのための時間をしっかり確保しておく必要があります。


にもかかわらず、多くの人が締切いっぱいまで時間を使って、現実的にはほとんどあり得ない一発ＯＫをもらう夢を追いかけています。

予想通り（？）上司から修正が入るのですが、**すでに締切いっぱいまで時間を使っているので、遅くまで残業して仕上げなければならなくなる**のです。


逆に、効率的に仕事を進めている人は、修正作業が間に合うタイミングで上司に提出したり、相談したりしています。

つまり、スケジュールにはバッファ（緩衝）を持たせることがキモです。期限いっぱいまで時間を使えば、かえって自分の首を絞めるのです。

他の人に何かを依頼する場合も、同じくバッファが必要です。スケジュールがタイトな場合は、「締切は○月○日ですが、いったん進捗を×月×日までに教えてください」と依頼しましょう。

特に、上司から指定された仕事の期日は、「初めて提出する日」ではなく、「仕事の完了期日」だということを頭に置いておきましょう。

仕事内容にもよりますが、**上司と事前に一度やり取りできる日数（2日前）を自分の期日にしておくとスムーズ**です。

これさえ守っておけば、遅くまで残業することは確実に減っていくはずです。

バッファがないとどうなる?

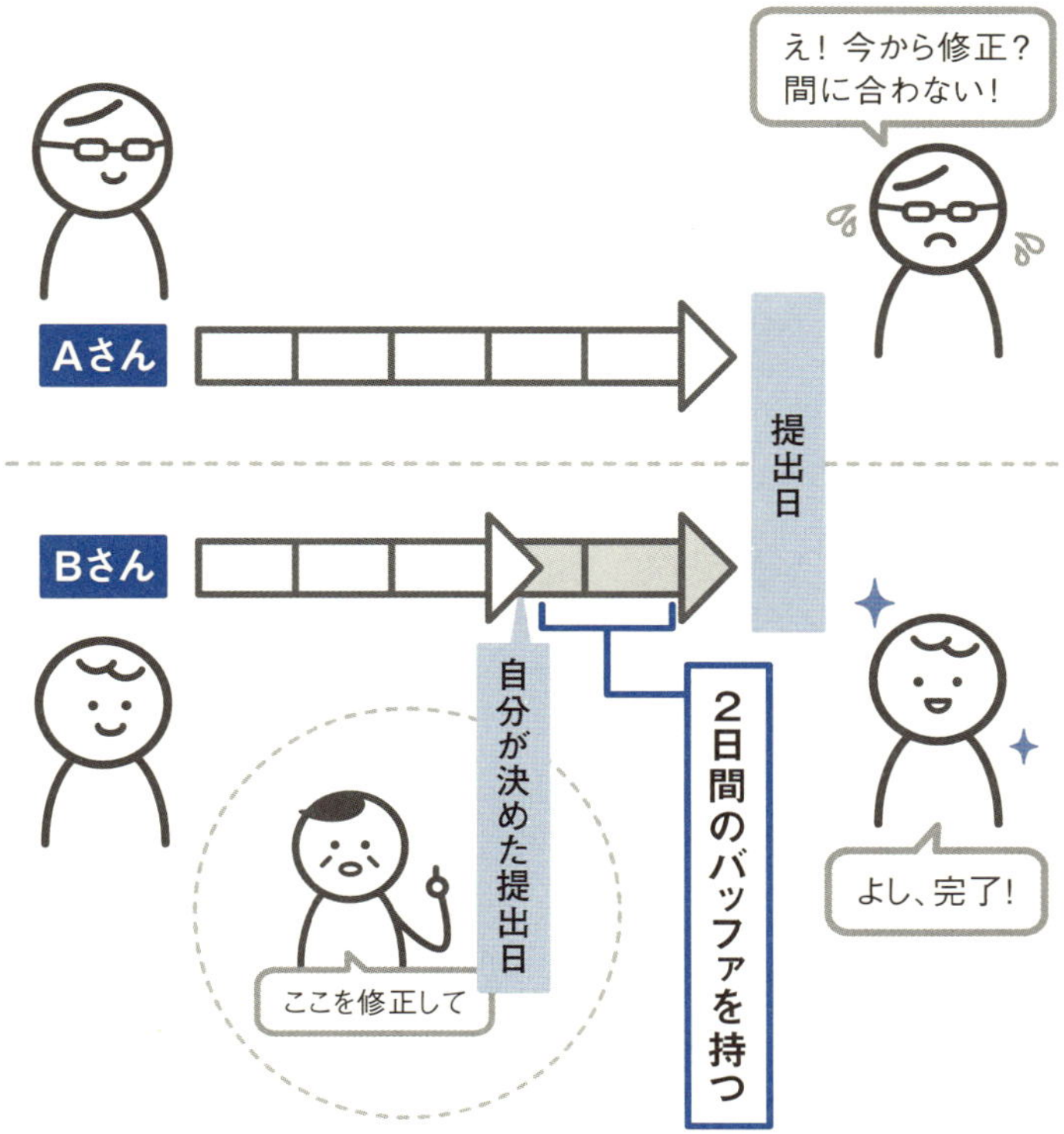

バッファを持っておくと、安心して仕事を終わらせることができる

Managing your time efficiently

21

「昨年の手帳」には、時短のヒントがいっぱい詰まっている

!

一年の流れがよくわかる。
活用しない手はない

毎年恒例の予定は、先に手帳に書いておく

皆さんは、新しい月が始まる前に、前年同月のスケジュールを見ていますか？

意外にも、昨年のスケジュールを確認して活用している人は少ないものです。

仕事の効率がよい人は、一日のスケジュールを朝イチに立てていると言いましたが、一か月、一年単位でも同じことが言えるのです。

能動的にスケジュールを立てたほうが効率的なのは言うまでもありません。

しかし、一日単位や一週間単位でならスケジュールが組み立てられる人でも、**一か月単位や一年単位となると、主体的にスケジュールを立てていない人が多い**ものです。

そこで、ぜひ取り組んでいただきたいのが、前年同月のスケジュールを確認することです。どのような職種であれ、今年も同じような仕事があるからです。

たとえば、人事部門では、入社式、新入社員教育、会社説明会、内定式、定年退職

者への対応、社会保険の年次更新手続きなど、年間予定がはっきりわかっています。

これらを年間スケジュールとして部門共有し、どんどん日を決めていくのです。

何も半年以上先の行事の日程まですべて決める必要はありませんが、**何月には何をやる程度のことは、新年度を迎える前に決めてしまうほうが好都合**です。

繁忙期を知っていると、準備ができる

「自分の仕事はノンルーティンなので、昨年の予定など関係ない」と思っている人でも、昨年のスケジュール確認は意外に役立つはずです。

なぜなら、スケジュールは外部の都合に引っ張られることがあるからです。

たとえば、人事評価面接は部内の都合で好きな時期にやるわけにはいきません。人事からの指示で決まった時期にやらなければなりません。

そのほか、資格の更新手続き、役所への報告書提出などは、毎年決まった時期に

昨年の手帳を見直そう

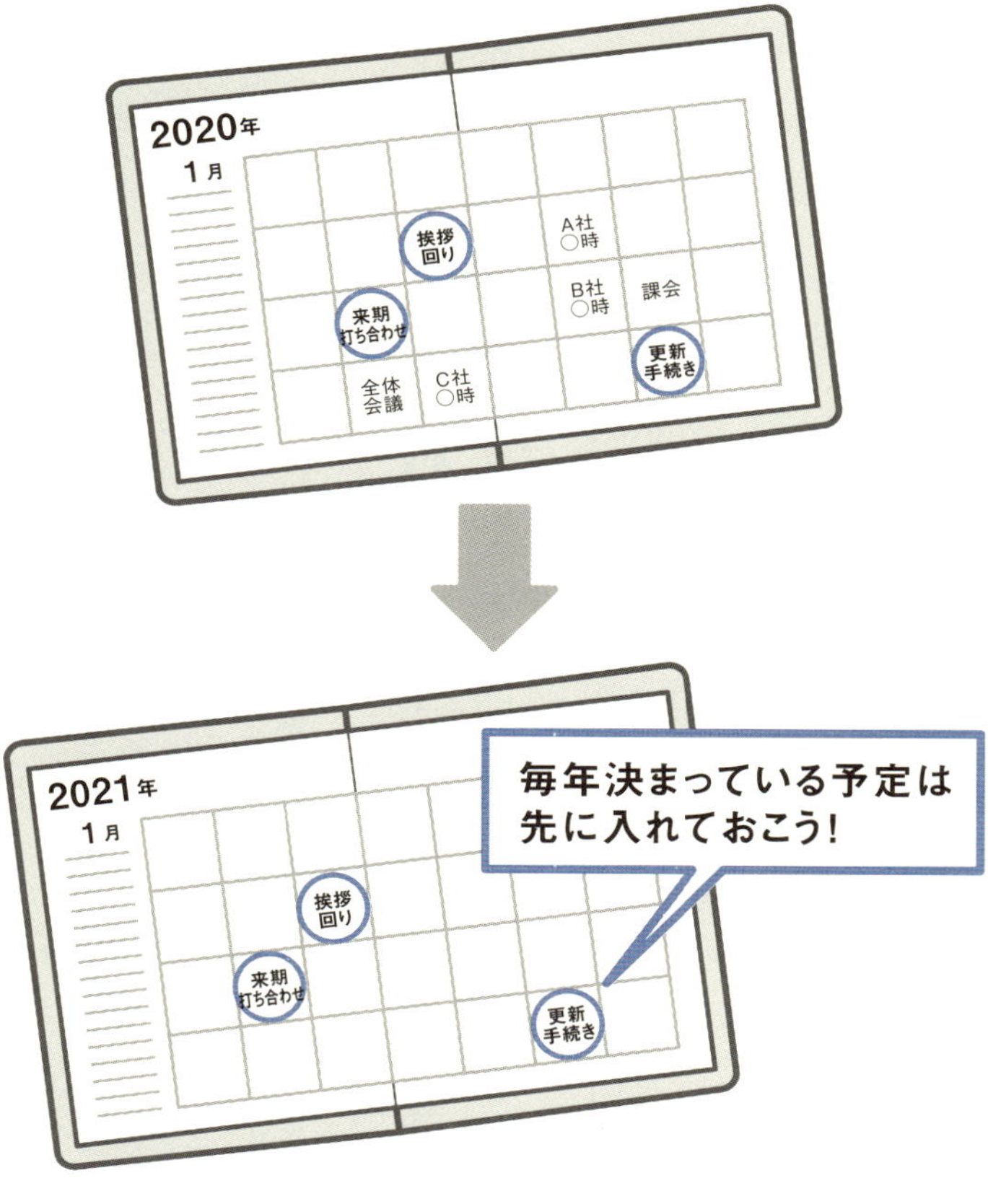

予定が見えていると
スケジュールに追われない

行っているものも多いものです。

営業職だと、客先の社員旅行に差し入れをするなど、他社の行事予定に合わせて仕事をしなければならないことも多々あります。

あわせて、年間行事予定を見て、自分の繁忙期や閑散期を把握しておくことも重要です。

昨年忙しかったとき、**何が原因で忙しくて仕事に追われたのか見つめ直すいい機会になり、その対策を事前に講じることができれば、大幅に業務を効率化できる**からです。

時短のためにぜひ実践してみてください。

第4章

「上司の動かし方」で時短は9割決まる

Managing your time efficiently

Managing your time efficiently

22

上司との打ち合わせを、すぐ終わらせる人の共通点

!

「どうしたらいいですか？」は禁句

相談を手短にするコツ

皆さんは、質問には二種類の質問があることをご存じでしょうか？

「体重は？」「出身地は？」のように回答が限定される質問や、「これは好き？」「おいしい？」のようにYES・NOでしか答えられない質問を、クローズドクエスチョンと言います。

一方、「最近どう？」「あれについてどう思う？」のように答えが限定されず、何とでも答えられる質問を、オープンクエスチョンと言います。

通常の会話の中では、オープンクエスチョンをうまく混ぜたほうが話は弾みます。

しかし、**上司に相談を持ち掛ける際、「どうしたらいいですか？」とオープンクエスチョンで上司に答えを丸投げするのは厳禁**です。

オープンクエスチョンで「考える作業」を丸投げされた上司は、その場で一から検討を始めなければなりません。上司には考えるための材料（情報）が必要です。
そうなると、あなたは逆に上司からの質問攻めにあってしまうのです。
議論はどんどん拡散し、いつの間にか説教の場に様変わりしてしまいます。
たったひとつの相談ごとで、何十分、下手をすると何時間もロスしてしまうのです。

「私はA案が良いと思います」で、上司の反応が変わる

相談を手短に終わらせるには、上司への相談の際、極力クローズドクエスチョンを用いることです。

「A案とB案、どちらが良いでしょうか？」や、「これはこういう考え方で良いでしょうか？」といった具合に、YESかNO、二者択一、答えを限定した質問をして相談するのです。

さらに、**「A案とB案にはそれぞれこういうメリットとデメリットがあります。総合的に見て、私はA案のほうが良いと思います。いかがでしょうか？」**と上司の判断

材料や自分の考えを付け加えることが大切です。

クローズドクエスチョンで相談するということは、言い換えれば、「自分なりの案」や「たたき台」を持って上司との議論に臨んでいるわけです。

一方、オープンクエスチョンで質問するということは、「自分なりの案」や「たたき台」をまったく準備せず、上司に「考えることを丸投げ」している状態なので、上司が不機嫌になって議論が長引くのは当然です。

相談には、上司と自分の二人分のコストがかかっていることを意識しましょう。

ポイントを絞り、クローズドクエスチョンを用いれば、上司への相談時間が見違えるように減っていくはずです。

Managing your time efficiently

23

ホウレンソウは、あえて上司が出掛ける5分前に

!

何よりタイミングが大事

外出の「直前」だから、すぐ終わる

ちょっとした相談や報告に行くと、延々と話を続ける上司がいます。ただでさえ忙しいのに「ああでもない、こうでもない」という不毛な議論にダラダラと付き合わされ、貴重な時間が削られていくのは、なかなかつらいものです。

部下という立場上、こちらから話を切り上げにくいのは理解できますが、「上司はコントロールできない」と、ハナからあきらめていませんか?

実は、ちょっとした工夫で上司の話を長引かせないコツがあるのです。

それは、**上司の予定の前に相談時間を設定する**のです。

上司の予定を確認し、会議や外出などの予定を見つけたら、あえてその直前に相談を持ち掛けるようにしましょう。どれだけ打ち合わせが長引いても、上司の次の予定の開始時刻までには終了します。つまり、自動的に制限時間が設定されるのです。

失敗やクレームの報告など、お説教されることがわかっているときには、特に有効な方法です。上司がいくらエキサイトしても、次の予定のせいで話を切り上げざるを得ないからです。

頭に血が上った上司も、いったん別の用事をはさむと、驚くほど冷静になって帰ってくることがあります。冷静に原因を分析し、「次につなげよう」と前向きな態度に変わっていることさえあるのです。

先輩の中には、なぜか上司の話をいつもうまく切り上げている人や、上司を怒らせないようにしている人たちがいるはずです。彼らは上司の特性をよく把握し、うまく上司をコントロールしているのです。

上司に振り回されなくなると、時短は驚くほど進みます。

いつ相談へ行くのがいい?

■ 何も考えずに行くと…

■ 上司が出掛ける5分前なら…

制限時間があると、
ムダな話に広がらない!

Managing your time efficiently

24

アポ取りは、用件、日時、所要時間の3本立て

!

「お時間あるときに…」では
一向に時間はやってこない

「明日の14時から30分間、お時間をいただけますか?」

長々話す上司がいる一方で、まったくつかまらない上司がいます。相談や決裁があるのに、日々忙しく、ぜんぜん時間を取ってくれない上司です。

忙しい上司に「お時間があるときで結構ですので……」と相談を持ち掛けても、結局忘れられ、定時後の遅い時間にようやく相談することになるのです。

しかし、嘆いてみても解決しません。上司をつかまえない限り、仕事は進まないのです。

では、どうすればいいのでしょうか?

非常に簡単なことです。「○○の件で、明日の14時から30分ほど打ち合わせのお時間をいただけないでしょうか?」と用件、日時、所要時間を指定して上司にアポを取るのです。

「なんだそんなことか～」と思うかもしれませんが、上司のスケジュールを押さえる発想そのものが、意外とないものです。

部下から見た上司はたった一人ですが、上司から見た部下は複数います。**「お時間があるときに……」では、どんどん後回しにされます。**

急な質問が飛んできたときにも有効

上司から突然、「あの件はどうなっている？」と声をかけられたときも同じです。

あなたに急ぎの仕事があって、どうしても手が離せないのなら、「××の件で、どうしても今は手が離せません。明日の10時から打ち合わせをお願いできないでしょうか？」と勇気を持ってアポイントを取りましょう。

用件、日時、所要時間を明確に

○○の件で、
10日 水曜日の
10時から
30分間
お時間を
いただけますか？

たったこれだけのことが言えないばかりに、さほど急ぎではない上司との打ち合わせを優先し、急ぎの仕事を残業して片づけるというおかしなことが起きるのです。

また、まったく答える準備ができていないときも同様です。

その場でいきなり打ち合わせに入ると、説教地獄になるだけです。

ですから、**「報告のために資料を準備しますので、2時間後にお打ち合わせの時間を頂戴できますか？」**とアポを取り直しましょう。

Managing your time efficiently

25

仕事を受けるときに、とことん掘り下げる

!

受命のときの対応がすべて

上司のイメージを、できる限り引き出す

「受命」とは、文字通り仕事の命令を受けることを言います。「受命」が上手か下手かで仕事の効率は大きく変わります。

実は、上司は部下に明確な完成イメージがないまま指示を出し、部下が作成したたたき台を見て、詳細を検討し始めることが少なくありません。

ですから、受命の際、**上司の完成イメージを少しでも引き出しておくと、仕事の手戻りを大幅に減らせるのです**。

わかりやすい例で考えてみましょう。

たとえば、ある上司が「商談後にお客様と会食をするので、お店の候補を2~3軒に絞って持って来るように」と指示を出しました。

A君は、すぐにインターネットで店選びに入りました。良さそうなお店を見つけて、空き状況を確認し、仮予約してから、お店情報をプリントアウトし、上司に見せます。

しかし、上司からいろいろな注文がついて、お店を選び直すことになりました。何度かこんなやり取りを繰り返し、ようやくお店が決まったのです。

一方、B君は「承知いたしました。すぐにお店を探します。その前に少し確認させてください」と言って、予算、出席人数、料理の好み、客先からの移動手段などを確認していきました。上司の漠然とした指示を、その場で具体化していったのです。

上司は「そうだな、先方の部長は肉より魚が好きだから和食が良いだろう。少し割高になるけど仕方がないね」と、イメージをB君と一緒に膨《ふく》らませたのです。

その結果、B君のお店選びは一回で終わったのです。

A君のように、すぐに仕事に取り掛かるほうが良さそうに見えますが、実は、B君のように、**いくつかの効果的な質問を投げかけ、上司のイメージを引き出してから仕事に取り掛かるほうが、お互いの時間のロスが減り、手戻りもなくなる**のです。

「受命」時に上司の完成イメージを引き出しておく——これが、仕事のやり直しを激減させる効果的な技なのです。

仕事を受けるときの心得とは?

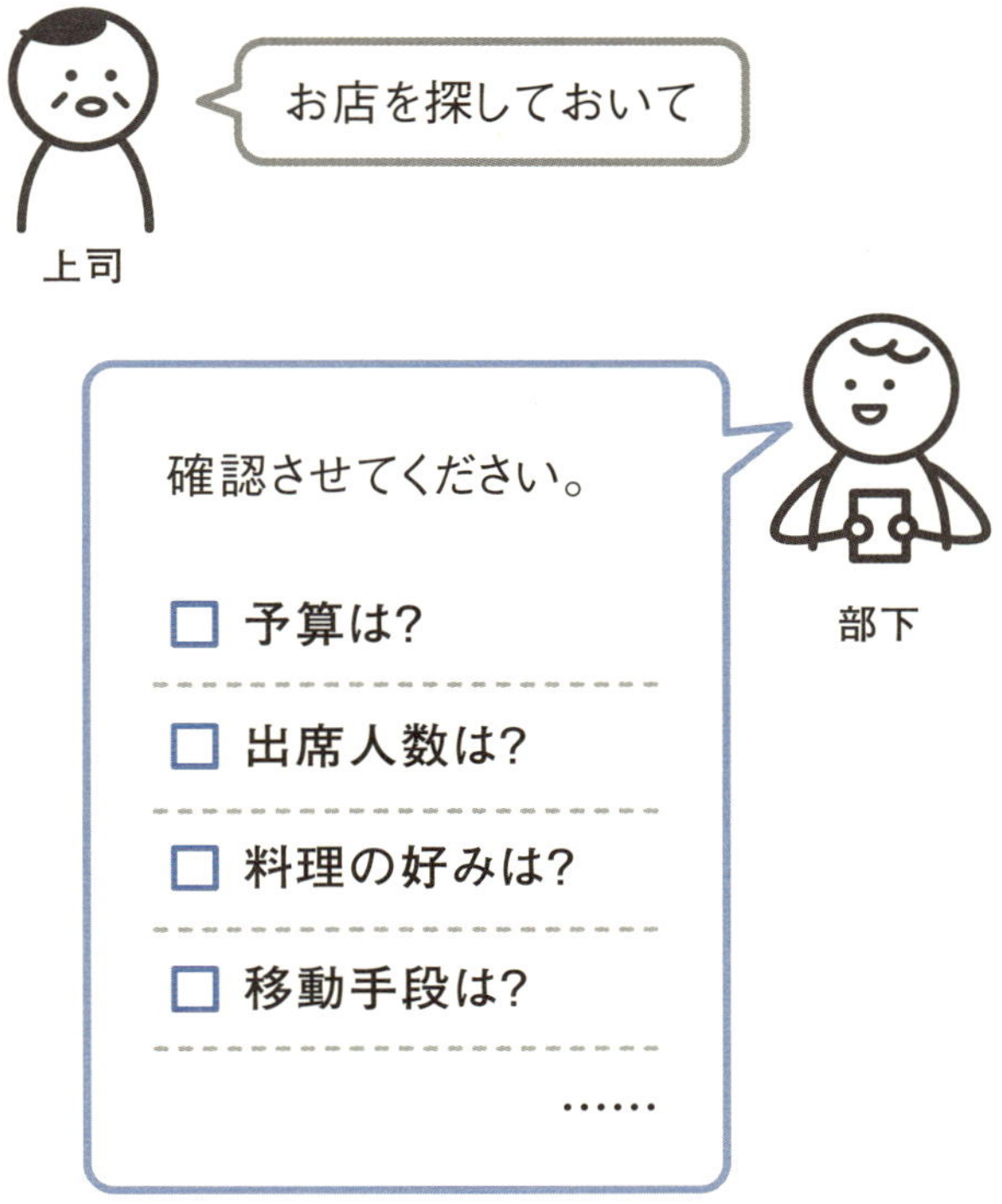

指示された時点で、内容を具体化させる

Managing your time efficiently

26

まずは3日後。途中経過を報告する

!

ムダな「やり直し」にならないために

完璧じゃなくてOK！ どんどん見せよう

「今どんな状態か見せて」と言われても、「まだ見せられる状態ではないので、もう少ししてから見せます」と、なかなか仕掛《しか》り途中の中間成果物を見せない人がいます。

しっかり仕上げようとする気持ちはよくわかります。

しかし、先ほども述べたように、「受命時」に上司と部下での成果物のイメージが完全に一致しているわけではありません。

せっかく丁寧に仕上げて提出しても、「そもそも違う。やり直し！」ということは、どうしても起きるのです。

そうなると、費やした時間はすべてムダになり、遅くまで手直しに忙殺されます。

やり直しは非常にダメージが大きいので、なんとか避けたいところです。

上司と部下のイメージの差は、仕事の仕掛り途中、特に初期段階で修正するほうが良く、すり合わせもこまめに行うほうが良いのです。

それなのに、途中経過を上司に報告せず、「やり直し」に時間を浪費してしまうのです。短時間でもっと成果を上げられるのに、残念な時間の使い方をしています。

仕事をスマートに片づける人は、しっかりと上司に途中経過を報告しています。特に、初期段階で上司に中間成果物を見せて、イメージをすり合わせています。ボタンの掛け違いは最初に修正しておきたいからです。

上司から見ても、途中経過を報告してくれる部下は頼もしく見えます。だから、**遠慮せず、仕掛り途中のものでも、どんどん上司に見せて、イメージのズレがないかどうか確認してもらいましょう**。

未完成のものを上司に見せ、指摘を受けるのは抵抗感があるでしょう。しかし、完成してからやり直しを命じられるより、はるかにありがたいはずです。

なるべく早めの段階で、一度方向性を確認

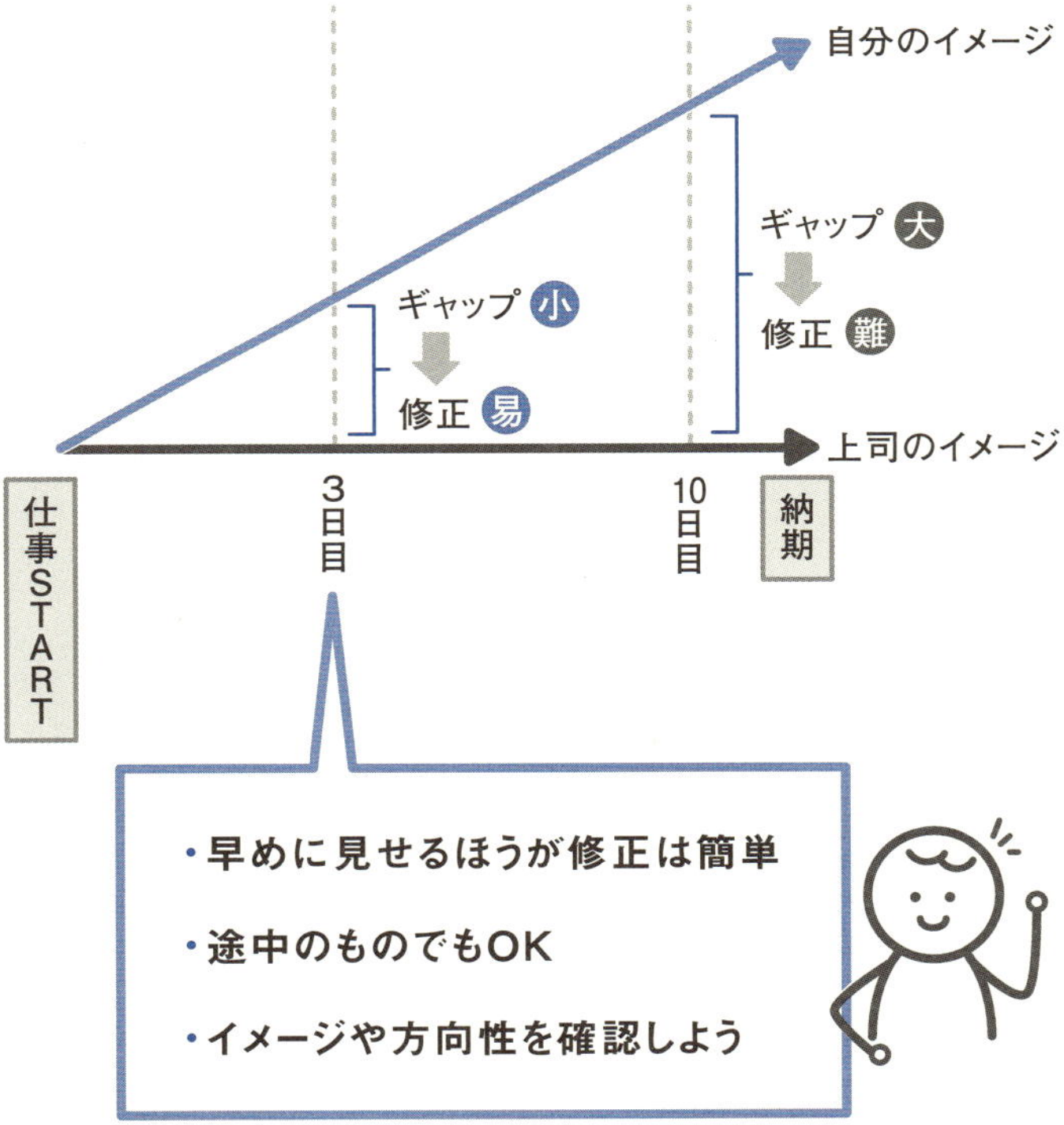

イメージのズレがあると「やり直し」が大変に。
早め早めのすり合わせをしよう

Managing your time efficiently

27

先輩、同僚、後輩に見てもらうのもひとつの手

!

上司が忙しいときは、
他の誰かにお願いしてみよう

一人で悩んでいても、質は高まらない

提出期限までに余裕があると、何度も何度も推敲を繰り返してしまうものです。

一人で検討をしすぎると、そのうち、本筋とは関係のない、文章の細かな言い回しや「てにをは」ばかりを修正し続けることになります。

これは、時間のムダ以外の何物でもありません。

自分の手の内でいくら推敲し続けても、クオリティは上がりません。今日提出しても、10日後に提出しても、さほどクオリティは変わらないのです。

それよりも、**できるだけ早く違う人の目線で確認・添削してもらうほうが、はるかに良いものができ上がります。**

違う人の着想や知恵を取り入れるのですから、当然と言えば当然です。

質は自分一人では高まらないのです。

「上司にこの状態で見せるのは……」と自信がない場合、**気軽に話しかけられる先輩、場合によっては同期や後輩に目を通してもらい、アドバイスをもらうのも手**です。

経験の浅い後輩であっても、思わぬ指摘をもらうことがあるものです。

ただ、いくら人の知恵を借りたいからといっても、当然のことですが、「自分なりの考えを整理する」こと、「てにをは」は最低限間違っていないことなど、自分の中でしっかり仕上げておく必要はあります。

自分の中である程度完成しているのに、いつまでも抱え込んでいては生産性は上がりません。

誰でもいいので、早めに違う人の視点を借りると仕事は進みます。これが生産性を上げるコツなのです。

アドバイスをくれる人は、上司以外にもいる!

勇気を出して相談してみよう

Managing your time efficiently

28

上司の質問は、必ず「データベース化」

!

どんな攻撃がきても
「きたきた!」と楽しめる

準備していれば、打ち合わせも怖くない

「この前も同じことを指摘されたんじゃないのか?」「前にも説明したと思うけど」こんな注意を受けることがよくあります。

こういう場合、「想定問答集」を準備して上司と向き合っていないのです。

上司は、仕事をするうえで、くぐり抜けなければならない「関所」です。上司がどんなことを聞いてくるのか想像し、部下はその答えを準備して挑まねばなりません。これが、「想定問答集」というわけです。

想定通りの質問が出るかどうかは、**仕事の醍醐味のひとつ**にもなります。

一方、上司も部下が準備する「想定問答集」の精度で、部下の能力を判断しています。上司にどんなことを突っ込まれても平然と回答する職場の先輩は、皆さんから見ても頼もしく見えるのではないでしょうか。

次につなげるために大事なこと

上司との付き合いが長くなれば、自然と上司のクセがわかってきます。

「こんなことを聞いてきそうだな」「あそこに目が行くと厄介だな」と、上司のこだわりポイントが蓄積されるので、自然とその準備ができるようになります。

しかし、同じくらいのキャリアの人でも、その対応力には大きな差がついています。それは、**上司の質問をデータベース化（文字化）しているかどうかの差**です。

「他社ではどうしている？」「昨年はどうだった？」「前例は？」という点をいつも確認する上司、「コスト」にこだわりを持つ上司、「リスク」に関心が高い上司など、さまざまなチェックポイントを上司は持っています。

言ってみれば、上司のクセです。

このような上司の質問をメモにまとめ、データベース化し、上司に決裁を取りに行く前に、それらを読み返すだけで、頭の中では想定問答集ができ上がるのです。

文書の赤字添削も今後に活かす

文章も同じです。

「『こと』と『事』、『様々』と『さまざま』の混在を指摘された」とか、「体言止めはやめるように注意された」とか、「3行以上にまたがる一文は分割された」など、上司から修正を受けた内容をメモしておくのです。

このメモを**提出前のチェックリストとして活用すれば、指摘を受けにくい文章を仕上げることができます**。

このように、上司のチェックポイントをデータベース化することは、単に上司のチェックをくぐり抜けるためだけのものではありません。

質の高い仕事をしたり、将来自分が上司になって部下をマネジメントしたりする際にも役立つので、ぜひ作成してみてください。

Managing your time efficiently

29

「自分でやったほうが早い」は大きな勘違い

!

任せることで、
自分の時間は確実に増える

引き継ぎの手間は一時的なもの

手際が良くて仕事が早いのに、いつも遅くまで残っている人が大勢います。

こういう人の中には、**他の人に仕事をまったく任せない人が意外と多い**ものです。

たとえば、職場に新人や派遣スタッフが入ってきたり、担当替えで他の人に仕事を譲らなければならなくなったりしても、いつまでも自分で仕事を持ち続け、他の人にまったく仕事を任せないのです。


では、いったいなぜ、忙しいのに人に仕事を任せないのでしょうか？


仕事を人に任せるには、まずやり方を教え、自分で手本を見せて、最後にやらせてみるというステップを踏まなければなりません。

仕事を整理したり、マニュアルを作成したりするのは面倒です。

そのうえ、自分でやってみせて、相手にやらせるというのは二度手間だし、一度やらせただけでは簡単にマスターできないので、何度も教え込む必要があります。

「手間をかけて人に教えるくらいなら、自分でやったほうが早い」――というわけです。

「自分でやったほうが早い」のは、その瞬間だけです。仕事を譲らない限り自分の仕事はいつまでも減らないし、早く帰れるようにもならないのです。

人に教えると、一時的にそのための手間は増えますが、これは後々自分が楽をするための「時間の投資」と割り切りましょう。

手間をかけても、1か月先、3か月先には人に任せたほうが必ず仕事は楽になります。

楽をして、より高いレベルの仕事をするためにも、振れるときには、どんどん仕事は人に振っていきましょう。

「自分でやったほうが早い」という気持ちが起こるたびに、それは時短の敵だと思って人に任せてみましょう。

将来を見据えて、今すべきこと

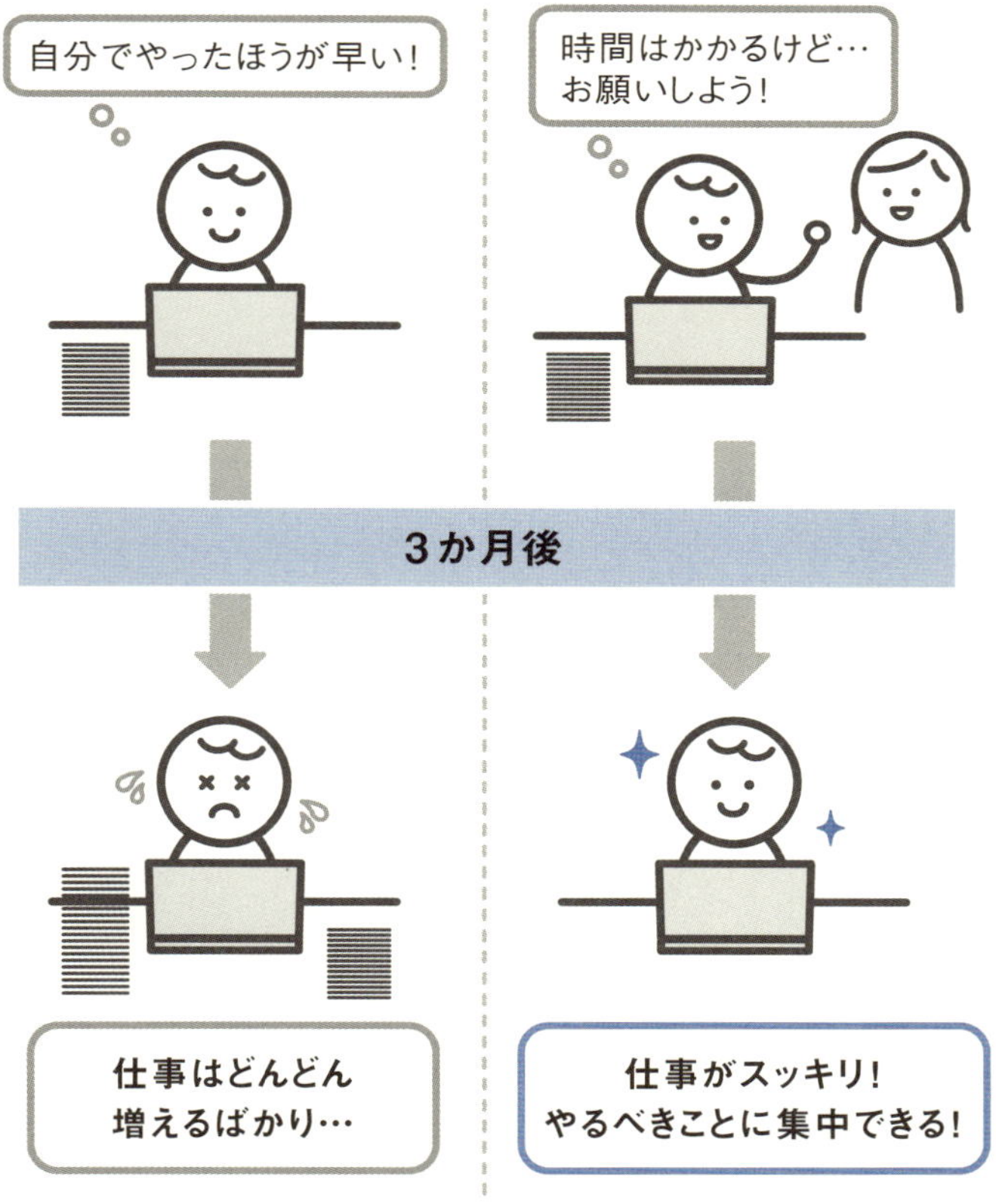

3か月、半年、1年先を考えると、
「誰かに任せる」のも大事な選択肢のひとつ

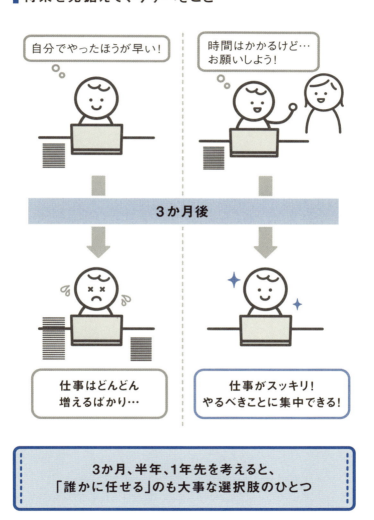

第 5 章

アウトプットの質を高める!集中力の引き出し方

Managing your time efficiently

Managing your time efficiently

30

一日の生産性のカギは「集中タイム」にある

!

ダラダラと過ごさないために

「どこまで進んだっけ?」が一番ムダな時間

集中して考えなければならない作業には、どうしてもまとまった時間が必要です。

一度作業を中断すれば、再び元の作業に戻るとき、「さて、どこまで進んだっけ?」と考え、必要な段取りを思い出し、再び作業に集中するまでの「復帰タイム」が必要です。これは時間のロスですから、業務の中断は極力しないほうが良いのです。

つまり、業務を中断せず、まとまった時間をいかに確保するかがポイントとなります。

まとまった時間の確保がうまくいかない人は、たいてい、先に細かい雑用を終わらせようとします。頭を使って考える仕事は、雑用を終わらせてからじっくり腰を据えて取り組みたいというわけです。

しかし、これでは細々した雑用をやっているうちに一日が終わってしまい、結局まとまった時間は確保できません。

細かな雑用を先に片づけるのではなく、大きな時間のかたまり（＝集中タイム）を先に設定・確保してしまうほうが実は簡単です。

一日のうち、**何時から何時までと何時から何時までは集中タイムと決め、その時間は知的作業に集中する**のです。

原則として集中タイムの間は、打ち合わせ、メールチェック、社内回覧物の閲覧といった雑務は一切行わず、まとまった時間が必要な知的作業に没頭するのです。

邪魔されないよう先手を打つ

せっかく集中タイムを設定していても、電話が鳴ったり、上司から呼びつけられたりして集中できないことがあります。

しかし、これはある程度自分で防止できるのです。

「今日あのお客様から電話が入る予定だ」「上司からそろそろ進捗確認が入りそうだ」「総務への提出物、昨日が締切だった」と、自分の業務を中断させられる可能性があるなら、隙間時間に自分から先回りしてコンタクトを取ってしまえばいいのです。

相手のペースに乱されるのではなく、**自分から都合のいい時間に連絡さえすれば、ペースは乱されません。**

メールでも電話でも構わないので、自分の作業を邪魔される可能性のあるものをこちらから働きかけてつぶしておくのです。

先手を打って集中の邪魔になるものをやっつけ、自分の時間を防衛するワザです。

いつも雑用や他人に振り回されて、まとまった時間を確保できないと悩んでいる人は、相手依存の行動になっており、よほど幸運が重ならない限り、まとまった時間は確保できません。

それよりも、自分から仕掛けて、まとまった時間を作り出すほうが簡単です。

集中できないと悩んでいるなら、ぜひトライしてみてください。

Managing your time efficiently

31

実は、「オフタイム」の使い方が肝心

!

集中タイムは90分。
オフタイムは20分

雑用は一気に終わらせる

一日中気を張って、ガムシャラに仕事に集中できれば良いのですが、そんな働き方を毎日は続けられません。

人が本当に集中力を継続できるのは、個人差はあるものの、せいぜい90分、長くても１２０分くらいが良いところではないでしょうか。

大学の講義は一コマ90分、映画は平均上映時間が１２０分前後です。

そこで、自分の仕事の時間を90分の「集中タイム」と15～20分ほどの「オフタイム」に分け、これを繰り返してみましょう。

ただし、オフタイムは休憩するのではなく、雑用にあてるのがミソです。

皆さんの仕事には、**必ずやらなければならない雑用が山のようにあります**。

交通費の精算、出張申請や出張報告、有給休暇や残業申請、勤怠入力、部内回覧物

のチェック、アンケート調査への回答、郵便物の開封、メールへの返信、等々です。

そういう仕事を、思いつくたびにさばいていると非効率です。だからと言って、雑用ばかりをまとめてやると、肝心な仕事が後回しになります。

そこで「オフタイム」を雑用にあて、気分転換するのです。

雑用の中には、**シュレッダーかけや郵便物の発送など、手先や体を使うものがあり、一生懸命集中した後のリフレッシュに最適なものが多い**のです。

一日ダラダラと仕事に取り組んでいるようでは、効率は上がりません。90分集中し、その後、雑用で気分転換、また90分集中とメリハリをつけて仕事に取り組んでみましょう。

驚くほど集中力が持続し、グングン仕事がはかどるのを実感できるはずです。

メリハリをつけることが大事

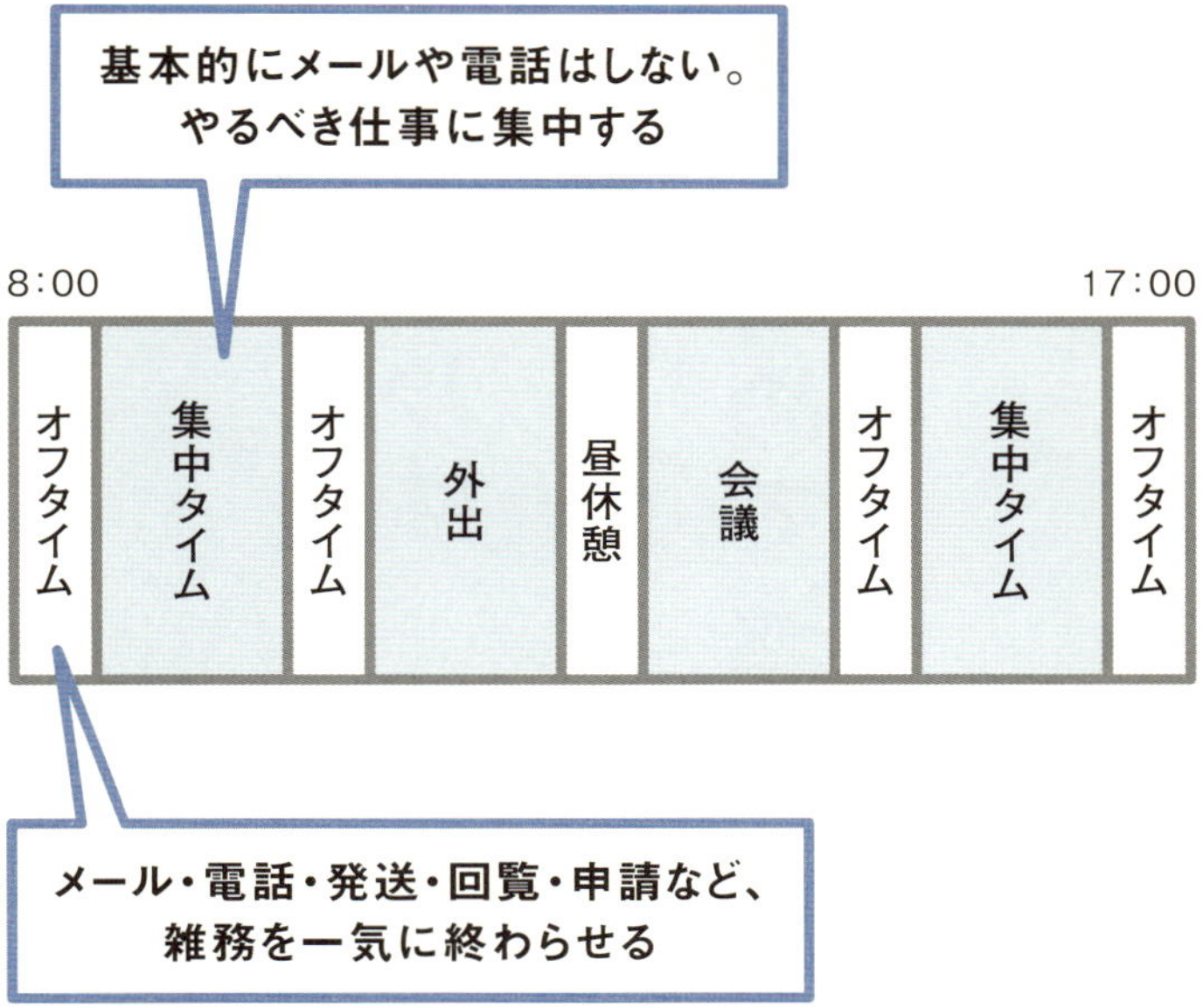

集中タイムとオフタイムを交互に設定すると、
効果的に仕事を進めることができる

Managing your time efficiently

32

メールは一日の最後にまとめて返信

!

つい「即レス」していませんか?

メールも電話もオフタイムに

いつからか「メールは即レスが基本」などというバカげたルールが定説のように語られています(「即レス」=「即返信」の意)。

「仕事のデキるやつはメールのレスポンスが早い」とSNSなどで発信する人に影響されたのでしょう。確かに「即レス」する人は、相手にとって都合のいい人ですが、効率的に仕事をする「デキる人」なのかと言われれば微妙です。

メール着信を知らせるポップアップが画面上に表示される都度返信したり、15分おきにメールを確認して返信したりするようでは、仕事に集中できません。

「メールは即レス」という考えは、この際きっぱり捨ててしまいましょう。

集中力を維持させるためには、**メールをチェックする時間帯を決めてしまう**のです。

これは、先ほど説明した、雑用ばかりする「オフタイム」をあてます。

これまでこまめにメールをチェックしていた人に、いきなり長いインターバルを設定しろというと抵抗があるかもしれません。しかし、90分おきにやってくる「オフタイム」なら、最長でも90分待つだけです。

慣れてくれば、オフタイムに読んだメールの返信をその場で返すのではなく、**特に重要ではないものは、一日の最後にまとめて送るようにしましょう**。同じ人から何通かメールが届いている場合、一通にまとめて返信すれば十分です。

不在時の電話メモや、携帯電話への着信に対する折り返し電話も同様です。特に急ぎでないなら、「オフタイム」に電話を掛ければいい気分転換にもなります。

「メールは即レス！」という強迫観念は捨て、ペースを乱されることなく、集中して仕事に取り組みましょう。

メールに支配されないために

×

- メール着信の表示が出たらすぐチェックする
- 15分おきに受信箱をチェックする
- どんなメールもすぐに返信する
- 同じ相手に、一日に何通も送る

↓

○

- オフタイムにまとめてチェック
- 特に重要でないものは、一日の最後に返信する
- 同じ相手には、一通にまとめて返信する

メールチェックの時間を決めて
他の仕事に集中しよう

Managing your time efficiently

33

「行き詰まったら一度やめる」でうまくいく

!

潔く帰るのもひとつの手

「今日はあきらめる」ことも大事

一日中ひとつのことを検討し続け、行き詰まってしまうことがあります。

ふと気づけば、他の仕事が山のようにたまっています。

こういうとき、本人は集中していると思っていますが、実はすでに集中力は切れており、検討材料を頭の中で整理しきれない状態、つまり思考が飽和《ほうわ》状態になっています。

その状態でいくら考え続けていても、質や成果はほとんど向上しません。思考が飽和した状態で考え続けるのは、時間の浪費なのです。

締切まで余裕があるのなら、**いったん寝かせて、別の日に考えるほうが効率的**です。行き詰まっている状態で時間を使いすぎるより、他の仕事を片づけたほうがはるかに生産的なのです。

いったん寝かせるというと、思考する努力を完全に放棄するようですが、実はそうではありません。

人間は、コンピュータのバックグラウンド処理のように、関心事を無意識下でも考え続けているものです。**以前行き詰まっていたことでも、時間がたてば不思議と解決策が簡単に浮かぶこともある**のです。

しかし、行き詰まった日にいくら考えても解決しません。

これは、集団でも同じことが言えます。

会議で難題にぶつかり、全員が唸りながら考え込んで、話が堂々巡りになることがあります。そうなったら、その日は会議を打ち切り、別の日に議論するほうが得策です。

行き詰まったら別の日に考える。これくらい割り切らねば、良いアイデアも浮かばず、時短も進まないのです。

考えても考えてもいい案が思いつかない…

どんどん時間が過ぎていくだけ…

**行き詰まったら別の日に考える。
時間がたてば解決策が簡単に浮かぶことも**

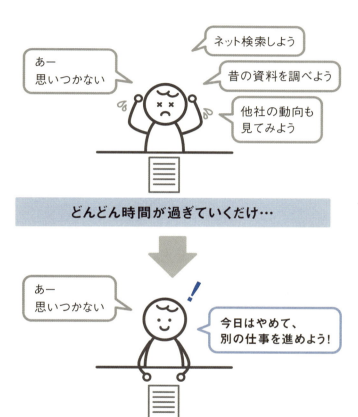

Managing your time efficiently

34

朝型がいいとは限らない

!

朝が苦手でも仕事は効率的に回る

自分のリズムを知ることが一番

「出世する人は、みな朝が早い」「早朝の仕事が人生を変える」など、朝型に切り替え、朝早くから全開で働くことを勧める人はとかく多いものです。
朝に弱い人は、後ろめたくて引け目を感じるのではないでしょうか？

でも、気に病む必要はありません。

人の体調はさまざまで、最も活動しやすい時間帯は、人によってまちまちです。それを一律の就業時間で縛っていることのほうが、本来無理があるのです。
だから、**自分がどの時間帯に集中力が高まるかをよく知っておくことが大事**です。そのピーク時間に、集中力が必要な作業を行うようにすれば、最も能率が上がるのです。

朝に弱いスロースターターは、午前中に雑務や打ち合わせを多めに入れ、体と頭を起こし、午後に集中力の必要な仕事に取り組むのです。

逆に、朝型の人は、朝のうちに集中して仕事を処理し、集中力が途切れがちな昼からは、雑務や打ち合わせを多めに入れるほうが効率は上がります。

また、自分だけでなく、上司のパターンをつかんでおくのも重要です。上司が集中している時間帯は、自分の「集中タイム」を確保しやすく、逆に上司がよく声をかけてくる時間帯には、自分の「集中タイム」が邪魔されがちです。

一日を漫然と過ごすのではなく、**自分がどこで集中できるかを考えながら、日々の仕事を組み立てる**ことは、仕事の効率を大きく改善するのに役立つのです。

ちなみに、冒頭の出世する人ほど朝に強いというのは、実は逆で、出世していくほど年を食うので、だんだん朝早くから起き出すというほうが正しいのではないかと私は思っています。

早起きできなくても気にしないことです。

それぞれスイッチが入る時間は違う

■スロースターターは…

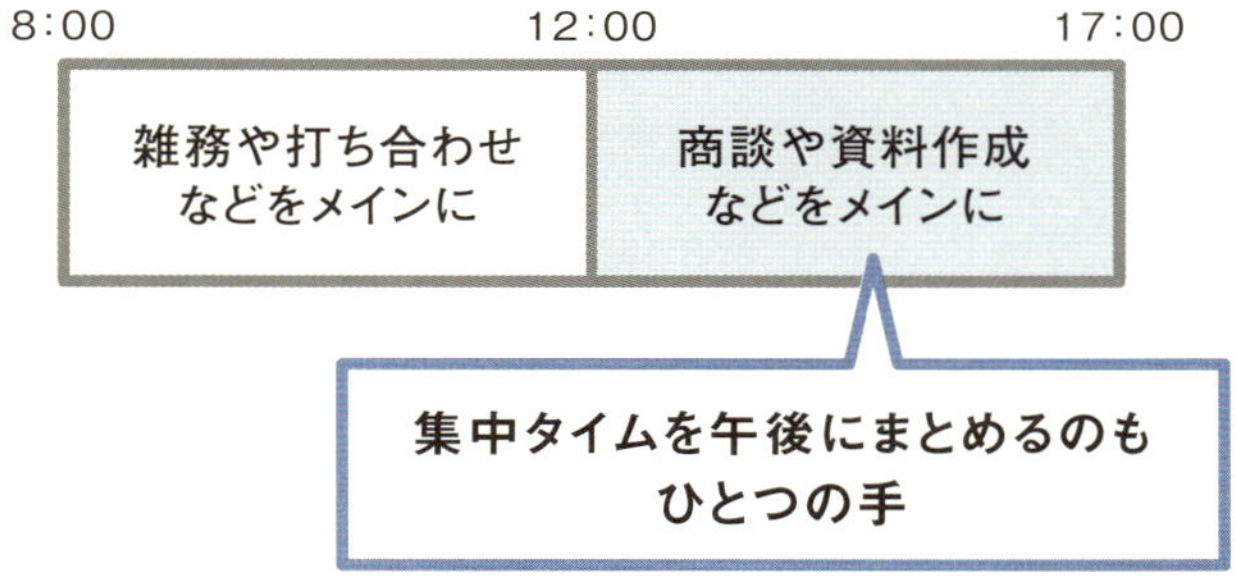

■朝型の人は…

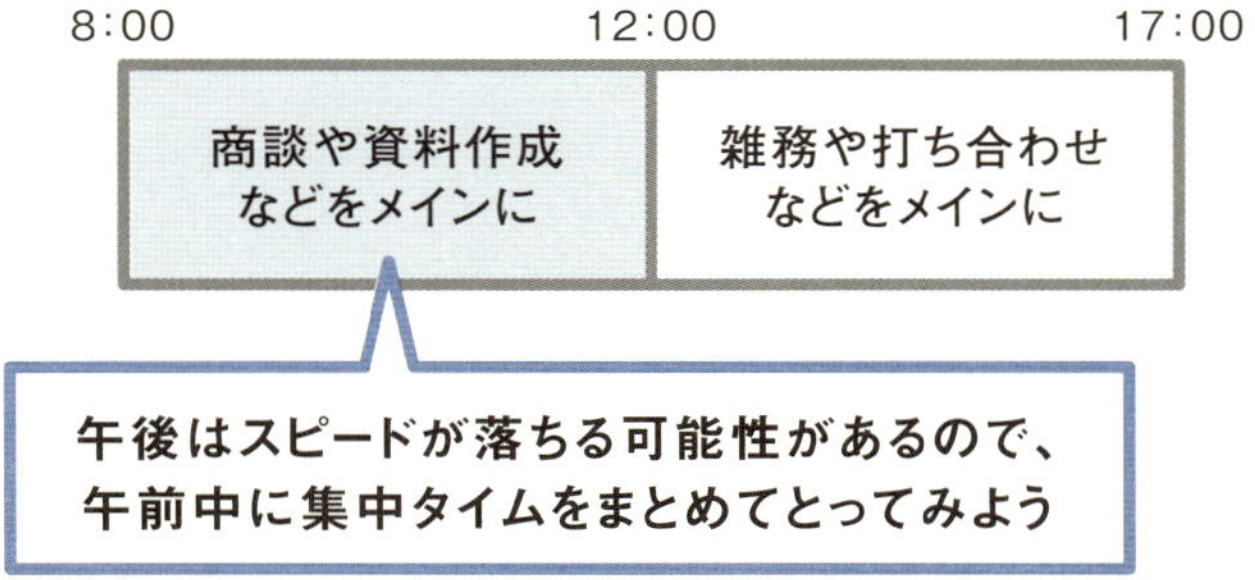

自分が集中しやすいのは午前？ それとも午後？
それを知っておくことが大事

第 6 章

一生、仕事に振り回されない働き方をしよう！

Managing your time efficiently

Managing your time efficiently

35

80点の仕事をたくさんこなす

!

無理に100%を目指して
時間を使うのはもったいない

時間がたつほど、生産性は落ちていく

どんな仕事も、ある程度までは費やした時間に比例して完成度が高まっていきます。しかし、完成度が一定水準を超えると、いくら手間暇をかけても、さほどでき栄えは変わりません。

たとえば、最初の一週間で仕事を80%まで仕上げられたのに、90%に持っていくのにさらに一週間、95%まで持っていくのにさらに一週間かかることがあります。

同じ一週間でも、後になればなるほど進捗が小さくなるのです。

これは、経済学でいう「収穫逓減《ていげん》の法則」で、入力の増加が出力の増加に必ずしも結びつかなくなっていく現象です。

「収穫逓減」を迎えてからは、時間をかけたわりに期待する成果が得にくくなります。

つまり、生産性がガクンと落ちるのです。

この「収穫逓減」を意識して仕事をすることが生産性を上げるコツです。

たとえば、1週間かけて80点のクオリティで仕事を提出する人は、2週間にふたつの仕事をこなし、160点分のアウトプットを出します。

一方で、2週間かけてひとつの仕事を90点のクオリティまで高めて提出する人のアウトプットは、90点分しかありません。

アウトプット量を見ると、前者のほうが、はるかに生産性が高いことがわかります。

前者はこれ以上自分で抱えていても、大幅に質が高まらないと考え、**「収穫逓減」を迎えてから早めに仕事を手離れさせています**。

後者は、生産性が落ちているのに自分で抱え込んでいるのです。

「収穫逓減」を迎えたと感じたら、素早く提出して上司のレビューを受けるほうが、生産性を上げられるということです。

より効率的な仕事のやり方は?

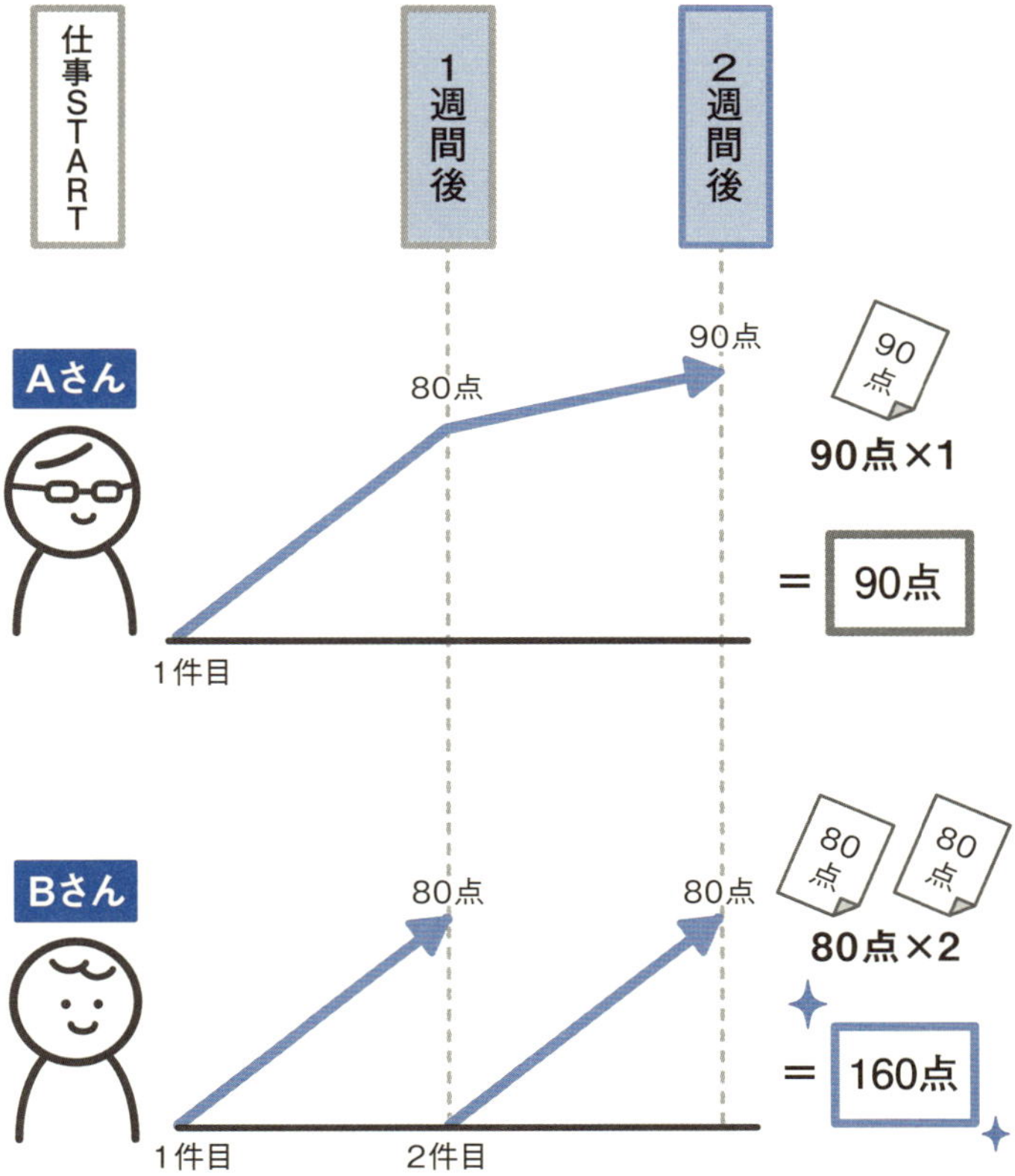

どちらが生産性が高いかは一目瞭然!

Managing your time efficiently

36

仕事を効率化させるには「上位20%」を見直す

!

いきなりスタートではなく、
その前にすべきこと

どんな業務に時間を取られているか、把握していますか?

我々コンサルタントがクライアントとプロジェクトをスタートする際、真っ先に取り組むことがあります。いったい何だと思いますか?

それは、現状分析を徹底的に行うことです。

今の状況を客観的に把握し、どこに問題点が潜んでいるのか、あるべき姿と現実のギャップは何なのかを把握することからスタートするのです。

皆さん自身の業務の効率化にも、**当然、現状分析が欠かせません**。

現状分析は、次の3ステップで行います。

まず、第一ステップは、自分の仕事の内訳を把握することです。

一日のうち、何の業務にどれだけ時間を使っているのかを書き出します。

「社内打ち合わせ」「文書作成」「移動」「待機」「メール返信」「日報作成」「交通費精算」……。これくらいのメッシュで、概ね一週間くらい続ければ、傾向がわかってきます。

第二ステップは、仕事内容の分析です。

書き出した項目の横に、「主業務」なのか「付随業務」なのかを書き込んでみてください。付随業務と分類されたものには、MustかWantかも書き込みます。

そうすると、一日のうち、どれだけ主業務に時間をあてられているのか、付随業務にどれだけ時間を取られているのかが明確にわかるようになります。

第三ステップは、業務の改善です。

やみくもに、あれこれ手を付けても効果的な時短にはつながりません。

着手のための優先順位は、**次の図を参考に行ってください**。

作業量の多い上位20％を改善すれば、全体の80％に波及するのです。

どこから時短するべき?

■ 業務時間が多い順に並べると…

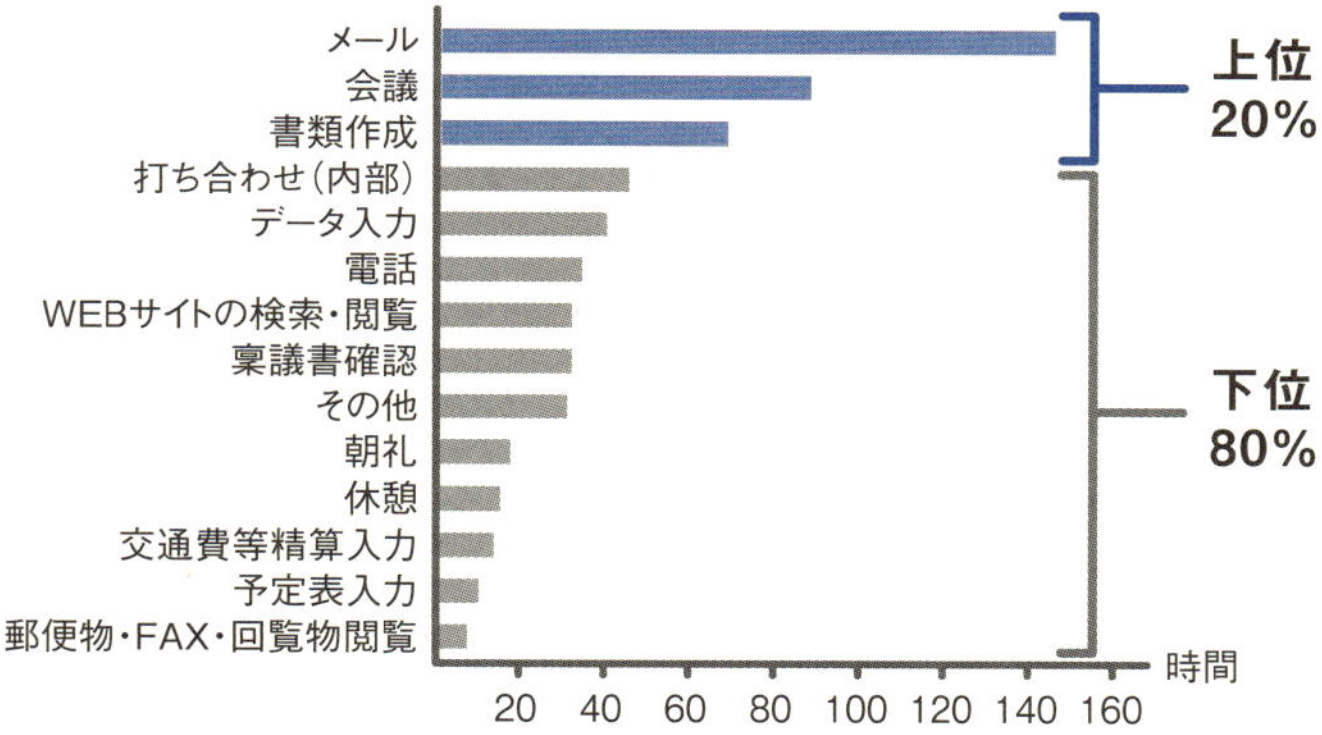

■ 時間全体に占める割合は…

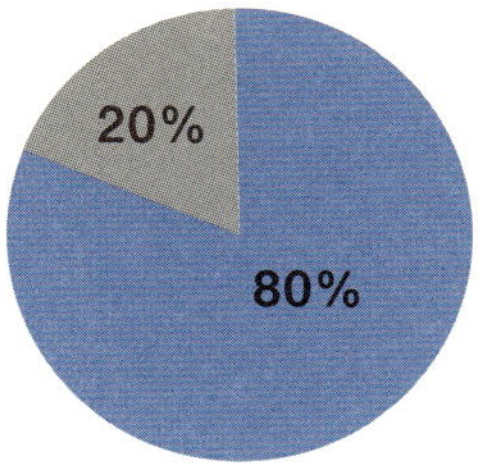

**やみくもに手をつけるのではなく、
上位20%から**

Managing your time efficiently

37

ムダをなくすフレームワーク「ECRS」

！

「この仕事って必要なの？」と思ったら…

昔は必要だったけど…。今は?

がむしゃらに日々の仕事に取り組んでいると、ふと、「この仕事はいったい何のためにやっているのだろう?」とか「この仕事はそもそも必要なの?」と素朴な疑問が浮かぶことがあります。

仕事には、以前は必要だったけれど、その後、不要になったものがあります。また、何かの「目的」を達成するための「手段」だったものが、いつの間にか「目的」にすり替わってしまった仕事もあります。

どちらの仕事も削減対象なのですが、後者にはなかなか気づかないものです。

たとえば、**情報共有により受注の成功率を上げるための「手段」**だった「**営業会議」が、いつの間にか会議の開催そのものが「目的」化してしまうケース**などです。

共有する情報がなければ、会議など開く必要はないはずですが、無理にテーマを絞り出し、会議の開催を強行するようになります。

このような例は、個人レベルでも見つけることができます。

たとえば、プレゼン資料の作成に夢中になりすぎて、相手が理解できるかどうかに関心を払わなくなるとか、業務のための資格取得の勉強が、いつの間にか業務より優先されているとか、効果のないダイエットに固執するとか……。数えればキリがありません。

業務改善に役立つ便利な切り口

手段が目的化したものは、たいていはやめてしまっても問題がないものばかりです。しかし、なかなか判断がつかないものもあります。

そういうときには、「ＥＣＲＳ」というフレームワークを使ってみてください。

このフレームワークは、**業務改善のさまざまなシーンで役に立つ**ので、ぜひ覚えてください。

E（Eliminate：削減）……やめてしまえないか？
C（Combine：結合）……他と一緒にしてしまえないか？
R（Rearrange：順序変更）……順序を変えてみてはどうか？
S（Simplify：単純化）……もっとシンプルにできないか？

E（削減）は、最も改善効果が高いもので、単純に今の仕事をやめてしまえないかどうかを検討することです。

C（結合）は、一足飛びにやめてしまうわけにはいかないときに、他の業務と一緒にまとめられないかを検討することです。

R（順序変更）は、今の仕事の順序を変えてみることで、もっと効率化できないかを検討することです。

S（単純化）は、文字通りもっとシンプルなやり方で済ますことはできないかを検討することです。

仕事に意味を見いだせなくなったら、手段が目的化していることが少なくありません。その際は、ＥＣＲＳのフレームワークを使って、仕事そのものを見直す習慣をつけてみましょう。

きっと、驚くほどスマートに時短が進むはずです。

できるところから効率化していこう

E	この仕事はやめてしまえないか?	・システム上でエラーチェックするようにし、人によるダブルチェックをなくした ・暑中見舞いや年賀はがきを廃止した
C	この仕事は他と一緒にしてしまえないか?	・日報と週報をひとつにまとめた ・同じ客先への納品と打ち合わせを同じ日にまとめた
R	この仕事の順序を変えてみてはどうか?	・C社に近いA社を、B社よりも先に訪問することにした ・入社辞退の影響で採用計画の見直し作業が発生していたので、本年度から入社式終了後に、採用数を決定することにした
S	この仕事はもっとシンプルにできないか?	・年頭の社長あいさつを動画に変えた ・20ページにわたるプレゼン資料をA3一枚に変更した

業務改善の大事なフレームワーク。
目の前の仕事を見直してみよう!

Managing your time efficiently

38

時間削減には「時間の投資」が欠かせない

!

未来の時間のために今できること

意外と盲点になる「自分のスキル」

何とか仕事がこなせていると、次第に今の仕事のやり方に疑問を持たなくなります。現状を当たり前として受け入れ、ふたつの改善ポイントを放置してしまうのです。ふたつの改善ポイントとは、「仕事そのもの」と「自分のスキル」です。

前者の「仕事そのもの」に注目することはあっても、後者の**「自分のスキル」を問題視する人は意外に少ないもの**です。

以前、毎日遅くまで残業する部下がいました。手を取られていたのはエクセルでのデータ集計で、毎日4時間もかかっていたのですが、単純な繰り返し作業でした。

私は、「こういう繰り返し作業なら、マクロを使えば一発で終わるはずだ。今からマクロを勉強してみたらどうだろう」と彼にアドバイスしたのです。

しかし、彼が一向にマクロを勉強している気配はありません。毎日遅くまで残って、これまでと同じやり方を繰り返すだけです。

私は、彼になぜ改善しないのか聞いてみたのです。

すると、彼は「毎日遅くまで仕事をしているのに、忙しくてそんな暇はないですよ」とふて腐れ気味に返答してきたのです。

そこで私は、「今君が取り組んでいる仕事に大きな価値はない。なぜならパソコンに取ってかわられる仕事だからだ。嘘だと思うのなら、私がその仕事をクリックひとつで終わるようにしてみせるよ」と啖呵《たんか》を切ったのです。

私はその日からマクロ勉強を始め、**2週間後には約束通り、彼が4時間かけていた仕事をクリックひとつで終わらせることに成功した**のです。

予備知識のないところから、勉強しながらプログラミングしたので、トータル30時間くらいかかったと思います。

30時間の投資は、たった8日間で元が取れ、その先もずっと楽ができるのです。

自分への投資は、間違いなく自分の財産になる

こうなると、残念ながら、彼がこれまで毎日遅くまで取り組んでいた仕事は、パソコンで代替できる程度の仕事だったという評価しか受けなくなります。

彼にしてみれば「こんなに忙しいのに、これ以上何をやらせるんだ!」と憤ったのでしょう。でも、**忙しいときほど、問題解決のために時間の「投資」が必要**なのです。

私がマクロを組んで見せたとき、彼は素直に「ありがとうございます」と喜ぶだけでした。悔しがって発奮しなかったのは残念でした。

彼が貴重な成長の機会を、一度ならず二度も逃してしまったからです。

一時期だけ今より忙しくなったとしても、時間を投資して改善に取り組んでみましょう。必ず投資した時間よりも多くの余裕を手に入れられるはずです。

何より、スキル向上への投資は、他人に奪われない自分の財産になるのです。

Managing your time efficiently

39

これからは「カウンター知識」が必須

!

これで周りと差をつける

ふたつの柱があると絶対的に有利

仕事では、どこか引っかかってスムーズにいかない業務プロセスがあるものです。
こういう「引っかかり」は、自分の知識不足か、他部門が絡む業務で起こります。

たとえば、営業の仕事なら、ようやく受注にこぎつけ、いざ契約を結ぼうとすると、各種の法律が関係してきます。

民法や独占禁止法、不正競争防止法など、契約に関連する法律は多岐にわたります。法律に詳しくないと、契約書のチェックは法務部門に丸投げになり、客先との調整でも、知識がないと右往左往してスムーズにことが運びません。

また、会計知識がないと、経理部門から専門用語でやり込められることもあります。

ITリテラシーが乏しいと、情報システム部門にリスクや問題点ばかり指摘され、一向に話が進まなくなります。

このように、**仕事を進めるうえで、他部門が絡み、カウンターとなる専門知識が多少なりとも必要になるシーンがあります。**

私が人事部に在籍しているときは、人事に関するさまざまな知識はもちろんのこと、基幹情報システムを扱うため、カウンター知識としてＩＴの知識が必要でした。これを深く学んでいるかどうかで、仕事のスピードに大きな差が出ました。

コンサルタントになってからは、財務会計に関する知識が非常に役立っています。生産性の向上に取り組むにせよ、人事制度を構築するにせよ、企業全体を財務面から理解しておく必要があるからです。財務の話ができないと経営者から信用されません。

このように、専門分野以外の、カウンター分野の知識を備えているかどうかは、仕事を進めていくうえで、大きな差を生みます。

「営業だから、法律は関係ない」と、この先ずっと逃げ続けるわけにはいきません。

小難しく聞こえて**苦手意識を持ちやすい経理も、一度勉強してみれば、たいして難しい内容ではありません。**一度理解すれば経理部門にやり込められなくなるのです。

現代の三種の神器とは

カウンター知識として何を身に付ければいいかわからない場合には、「現代の三種の神器」に磨きをかけてみてはどうでしょうか。

昔は「読み・書き・そろばん」が必須と言われていました。

現代の三種の神器は（諸説あるものの）、「英語・会計・ＩＴ」だそうです。これに法律を加えたものの中から、業務に必要で、かつ自分が弱いと思っているものを勉強してみてはいかがでしょうか。

ふたつの分野に強い人は、他の人がつまずくポイントを早く切り抜けられ、圧倒的に仕事が速いのです。

こういう人は、社内でも社外でも必ず重宝される人材になるのです。

〈著者紹介〉

各務晶久（かがみ・あきひさ）

◇－経営コンサルタント（専門は人事・生産性向上）。株式会社グローディア代表取締役。特定非営利活動法人人事コンサルタント協会理事長。中小企業診断士。
◇－同志社大学卒業後、関西学院大学大学院で経営学修士（MBA）取得。川崎重工、日本総合研究所を経て独立。
◇－大阪市人事に関する専門委員、大阪市特別参与、大阪商業大学大学院非常勤講師などを歴任。これまで120社以上のコンサルティングを行い、のべ1000名以上のビジネスパーソンにヒアリング調査を実施。あらゆる業種のリアルな職場実態を把握している。さらに、これらの経験に加え、学術理論に裏打ちされた実効性の高いソリューションも提供している。
◇－生産的かつ効率的な時短術に定評があり、実践的なノウハウは新入社員から管理職まで幅広い層に支持され、単なる小手先のテクニックではなく、確実に成果を上げることができると高く評価されている。
◇－著書に『メールに使われる上司、エクセルで潰れる部下』『職場の紛争学』（ともに朝日新聞出版）、『人材採用・人事評価の教科書』（同友館）、『月刊人事マネジメント』などの専門誌に連載、寄稿多数。

会社では教えてもらえない　アウトプットがすごい人の時短のキホン

2019年12月21日　第1刷発行
2020年 1月18日　第2刷発行

著　者――各務晶久
発行者――徳留慶太郎
発行所――株式会社すばる舎
東京都豊島区東池袋3-9-7 東池袋織本ビル　〒170-0013
TEL　03-3981-8651（代表）　03-3981-0767（営業部）
振替　00140-7-116563
http://www.subarusya.jp/
印　刷――株式会社シナノ

ISBN978-4-7991-0854-3